Anneli Billina / Lilli Marlen Brill / Marion Techmer

Deutsch üben

Wortschatz & Grammatik A1

Hueber Verlag

Bildnachweis
Cover: © Thinkstock/iStock/Brainsil
S. 60: © MEV/Photodesign Müller

5.   4.   3. | Die letzten Ziffern
2027 26 25 24 23 | bezeichnen Zahl und Jahr des Druckes.
Alle Drucke dieser Auflage können, da unverändert,
nebeneinander benutzt werden.
1. Auflage
© 2018 Hueber Verlag GmbH & Co. KG, München, Deutschland
Umschlaggestaltung: Sieveking · Agentur für Kommunikation, München
Illustrationen: Irmtraud Guhe, München
Layout und Satz: Sieveking · Agentur für Kommunikation, München
Verlagsredaktion: Katrin Dorhmi, Hueber Verlag, München
Druck und Bindung: Friedrich Pustet GmbH & Co. KG, Regensburg
Printed in Germany
ISBN 978–3–19–397493–8

Art. 530_24565_001_03

Inhalt

Vorwort

Liebe Deutschlernende,

mit dem Band *Deutsch üben* Wortschatz & Grammatik A1 können Sie den Wortschatz und die Grammatik der Niveaustufe A1 einüben und festigen. Damit erhalten Sie die Grundlage für erste, elementare Kommunikationssituationen.

Wortschatz & Grammatik A1 behandelt alle Themenbereiche, die für die Stufe A1 des *Gemeinsamen Europäischen Referenzrahmens* vorgesehen sind. Sie finden darin

- abwechslungsreiche Übungen (spielerische Übungen, Lückentexte, Zuordnungsübungen, Übungen zur Satzbildung etc.),
- authentische Kontexte, Situationen und Dialoge,
- wertvolle Lerntipps,
- zahlreiche Illustrationen als Verständnishilfe,
- einen übersichtlichen Lösungsteil zur Selbstkontrolle.

Der vorliegende Band eignet sich zur Wiederholung und Vertiefung des Wortschatzes und der Grammatik A1 und zur Prüfungsvorbereitung. Er ist bestens zur Selbstevaluation geeignet, um zu testen, was man gut oder weniger gut beherrscht.

Viel Spaß mit *Deutsch üben* Wortschatz & Grammatik A1 !

Autorinnen und Verlag

Abkürzungen:

A	steht vor Varianten, die man in Österreich sagt	
CH	steht vor Varianten, die man in der Schweiz sagt	
m	maskulin, männlich	*der Hund*
f	feminin, weiblich	*die Katze*
n	neutral, sächlich	*das Pferd*
Pl	Plural, Mehrzahl	*die Tiere*

A Person, Familie und Freunde

A1 Guten Tag

Ergänzen Sie.

> freut mich • Entschuldigung • heiße • arbeiten • heißt • bin • Kollege • Frau •
> Name • Tag • guten • Ihr • ~~Tag~~

1. ● Guten _Tag_ . Mein _____ ist Maria Stix.

   ▶ Guten Tag, _____ Stix. Ich bin Simon Umbreit.

2. ● Frau Brill, das ist mein _____ Herr Agert.

   ▶ _____ _____ ,

   _____ Tag, Herr Agert.

   ■ Guten _____ .

3. ● Hallo. Ich _____ Leonie. Und wie _____ du?

   ▶ Hi, ich _____ David.

4. ● Ich heiße Jan Westerhoff-Nilling.

   ▶ _____ , wie ist _____ Name?

   ● Westerhoff-Nilling. Jan Westerhoff-Nilling.

   ▶ Ich bin Frau Müller. Anna Müller.

   _____ Sie auch bei Future-Comes?

A2 Hallo ...

Wie grüßt man?

Guten Morgen. • Hallo./Hi. • Grüezi. • Grüß Gott. • Guten Tag.

1. In der Arbeit (bis 11 Uhr): *Guten Morgen.*

2. In einem Geschäft zu einer Verkäuferin
   (von 11 bis 18 Uhr): _____

3. In Österreich und Süddeutschland: _____

4. In der Schweiz: _____

5. Jugendliche zu Jugendlichen
   (CH: Junge zu Jungen): _____

A3 ... und Tschüs

Was sagt man, wenn man geht?

Tschau./Tschüs. • Servus. • (Auf) Wiedersehen. • Gute Nacht. •
Tschüs./Bis bald. • (Auf) Wiedersehen.

1. Jugendliche zu Jugendlichen: *Tschau./Tschüs.*

2. In einem Geschäft: _____

3. Freunde zu Freunden in Österreich
   und Süddeutschland: _____

4. Wenn es ca. 22 Uhr ist: _____

5. Bei der Arbeit zu Besuchern
   und Kunden: _____

6. Zu Freunden, zu Kollegen: _____

A4 Anmeldeformular

Ergänzen Sie.

Geburtsdatum • Straße • Beruf • Hausnummer • ~~Familienname~~ • Unterschrift •
Postleitzahl • Vorname • Wohnort (Stadt) • Land • E-Mail • Telefonnummer •
Nationalität

Anmeldung

**Sprachschule
Lingua**

Sommersprachkurs
A1/1 01.08. – 31.08.:
Deutsch als Fremdsprache

Santos

(1.) _Familienname_

29.4.94

(3.) _____

Giselastr.

(5.) _____

81739

(7.) _____

Deutschland

(9.) _____

maribell.santos@web.de

(11.) _____

Maribell Santos

(13.) _____

Maribell

(2.) _____

spanisch

(4.) _____

104

(6.) _____

München

(8.) _____

089/739665

(10.) _____

Studentin

(12.) _____

A5 Der Name – die Namen

Schreiben Sie den bestimmten Artikel und den Plural.

1. Name: *der Name – die Namen*   5. E-Mail: _____

2. Straße: _____   6. Telefonnummer: _____

3. Stadt: _____   7. Student: _____

4. Land: _____   8. Studentin: _____

> **Tipp** ....
>
> Nomen schreibt man groß: Lernen Sie Nomen immer mit Artikel und Plural:
> **Straße, Stadt, Land** ...   **die** Straße, die Straß**en** (Pl); **die** Stadt,
>   die Städt**e** (Pl); **das** Land, die Länd**er** (Pl) ...

A6 Wie ist Ihr Name?

Ergänzen Sie. Achten Sie bei Verben auf die korrekte Form.

Geburtsort • sein • leben • Adresse • kommen • Tochter • geboren • ~~Name~~ •
buchstabieren • Jahre • wohnen • Kinder • sprechen

- Wie ist Ihr (1.) *Name* ?
- Mein Name ist Yerli. Asiye Yerli.
- Können Sie den Nachnamen bitte (2.) _____?
- Y-E-R-L-I.
- Woher (3.) _____ Sie?
- Ich komme aus der Türkei. Ich (4.) _____ erst seit sechs Monaten in Deutschland.
- Wann sind Sie (5.) _____ ?
- Am 29.4.1984.
- Was ist Ihr (6.) _____ ?
- Entschuldigung, ich (7.) _____ noch nicht so gut Deutsch.
- Wo sind Sie geboren?
- In Ankara.
- Haben Sie (8.) _____ ?
- Ja, ich habe eine (9.) _____. Sie ist vier (10.) _____ alt.
- Wie ist Ihre (11.) _____ ?
- Ich (12.) _____ im Märchenweg 5, 81739 München.
- Was sind Sie von Beruf?
- Ich (13.) _____ Programmiererin.

A7 **Zur Person**

Was passt nicht?

1. Familienstand: ledig – verheiratet – ~~geboren~~ – geschieden
2. Adresse: Straße – Fax – Hausnummer – Platz
3. Name: Geburtsname – Vorname – Nachname – Familienstand
4. Geburtsdatum: Geburtstag – Geburtsjahr – Geburtsort – geboren am
5. Geschlecht: männlich – weiblich – verwandt

A8 **Land und Leute**

Ergänzen Sie die Länder, die Bewohner und die Staatsangehörigkeit.

~~die Schweiz~~ • Deutschland • Österreich

1. Er kommt aus der _Schweiz_ . Er ist _Schweizer_ .

   Seine Mutter ist _Schweizerin_ und sein

   Vater _Schweizer_ .

   Staatsangehörigkeit: _schweizerisch_ .

2. Er kommt aus _____ . Er ist _____ .

   Seine Mutter ist _____ und sein Vater _____ .

   Staatsangehörigkeit: _____ .

3. Er kommt aus _____ . Er ist _____ .

   Seine Mutter ist _____ und sein Vater

   _____ .

   Staatsangehörigkeit: _____ .

Tipp ....

Länder haben meistens keinen Artikel:
Österreich, Deutschland, Frankreich, Italien, Brasilien, Russland, Japan ...
Länder mit Artikel:
die *Schweiz,* **die** *Türkei,* **der** *Iran,* **der** *Irak,* **die** *USA* (Pl), **die** *Niederlande* (Pl)

A9 Ich

Und Sie?

Vor- und Familienname: _____ Geburtsort: _____

geboren am: _____ _____

Staatsangehörigkeit: _____ Geschlecht: _____

Alter: _____ _____

Religion: _____ _____

Beruf: _____ _____

Tipp ....

Lernen Sie nicht nur die Wörter aus Ihrem Deutschbuch. Lernen Sie Wörter, die Sie im Alltag brauchen. Zum Beispiel: Wie heißt **Ihr** Land? Wie ist **Ihre** Staatsangehörigkeit? Wie ist **Ihre** Religion?

Sie wissen Ihre Staatsangehörigkeit oder Religion nicht auf Deutsch? Schauen Sie auf S. 108. Ihr Land oder Ihre Religion ist nicht dabei? Arbeiten Sie mit dem Wörterbuch oder fragen Sie Ihren Lehrer.

A10 Du oder Sie?

Was sagt man? Kreuzen Sie an.

	du	Sie
1. Kollegen zu Kollegen (oft)	⊗	○
2. Mitarbeiter zu Chefs und Chefs zu Mitarbeitern (oft)	○	○
3. Kinder zu fremden Erwachsenen (immer)	○	○
4. junge Leute (bis 25 Jahre) zu jungen Leuten	○	○
5. fremde Personen (über 25 Jahre) zu fremden Personen	○	○
6. Freunde zu Freuden (immer)	○	○
7. Erwachsene zu Kindern und Jugendlichen bis ca. 15 Jahre	○	○
8. Studenten zu Studenten	○	○

Tipp ....

Du **oder** *Sie*?
Sie wissen nicht: Soll ich zu meinem neuen Kollegen *Sie* oder *du* sagen?
Tipp: Sagen Sie *Sie*. Das ist immer höflich. Später kann man zum Du wechseln.

A11 **Kontinente**

Ergänzen Sie.

Asien • ~~Amerika~~ • Europa • Afrika • Australien

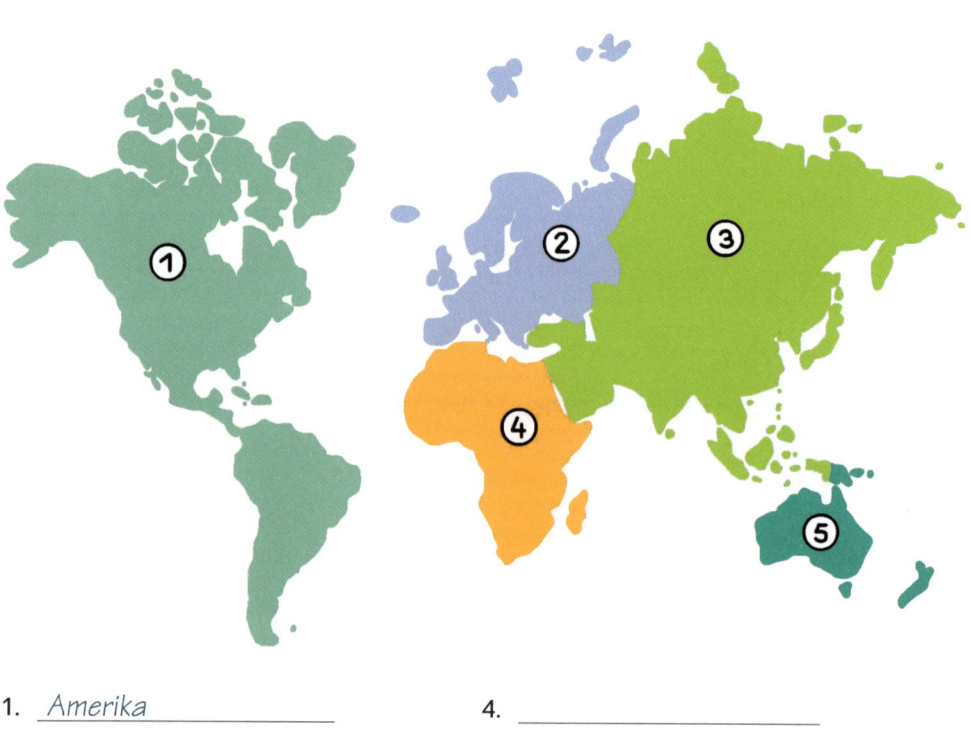

1. *Amerika*

2. _____

3. _____

4. _____

5. _____

Tipp ....

So lernen Sie optimal:
Sprechen Sie neue Wörter beim Lernen: einmal leise, einmal laut, einmal leise ...

Sprechen **und** schreiben Sie neue Wörter: sprechen + schreiben = 2 Lernchancen.

Ist ein Wort schwer für Sie?
Unterstreichen Sie das Wort und schreiben Sie es mehrmals.

....

A12 Familienfoto

Ergänzen Sie.

der Sohn • der Vater • der Großvater • die Großmutter • die Tochter •
das Baby • die Mutter • der Hund

1. *der Vater*
2. _____
3. _____
4. _____
5. _____
6. _____
7. _____
8. _____

A13 ♀ und ♂

Ergänzen Sie.

die Ehefrau • die Partnerin • das Mädchen • die Dame • die Freundin

1. der Herr   ⟷   *die Dame*

2. der Junge (A: der Bub)   ⟷   _____

3. der Ehemann   ⟷   _____

4. der Freund   ⟷   _____

5. der Partner   ⟷   _____

Tipp ·

Weibliche (♀) Personen: Der Artikel ist feminin *(die).*
die *Frau,* **die** *Freundin,* **die** *Tochter ...*

Männliche (♂) Personen: Der Artikel ist maskulin *(der).*
der *Mann,* **der** *Freund,* **der** *Sohn ...*

Aber: **das** *Baby,* **das** *Mädchen.*

· ·

Meine Familie

Was passt? Kreuzen Sie an.

1. Das sind unsere   ○ Familie.
                        ⊗ Eltern.

2. Das ist meine   ○ Familie.
                       ○ Eltern.

3. Das ist mein   ○ Sohn.
                   ○ Bruder.

4. Das ist meine   ○ Schwester.
                     ○ Tochter.

 Einladungskarte

Nummerieren Sie die Sätze in der richtigen Reihenfolge.

Einladung zum **Piratenfest**

a) Lieber Philipp,

b) Dein *Simon*

c) Bitte sag mir bald Bescheid, ob Du kommst.

d) Die Party beginnt um 15 Uhr und endet um 18 Uhr.

e) ich möchte Dich ganz herzlich zu meinem 7. Geburtstag am 18.7. einladen.

Simon Mayer, Marktstr. 12, 71522 Backnang, Tel. 07191/61419, E-Mail: MayerB@gmx.de

1.	2.	3.	4.	5.
a)				

A16 Kontakte

Ergänzen Sie. Achten Sie bei Verben auf die korrekte Form.

> essen gehen • sehen • Du … sagen • nett • glauben • mögen • kennen •
> sprechen • dumm • lernen • blöd

1. ● Wie lang _kennst_ du Lilli schon? ▶ Ich _____ , wir kennen uns
   seit 1987.

2. ▶ Du _____ sehr gut Deutsch. Wie lange _____ du schon Deutsch?
   ● Seit zwei Jahren am Goethe-Institut.

3. ● _____ du seine neue Freundin? ▶ Ja, ich finde sie sehr _____ .
   ● Wirklich? Also ich finde sie _____ und _____ .

4. ● Wann _____ wir uns? ▶ Geht es Freitagabend um 8 Uhr?
   ● Ja, das passt mir gut.

5. ● Wir können _____ zueinander _____ . Ich heiße Axel.
   ▶ Gerne, ich heiße Juan.

6. ● Wohin willst du _____ _____ ? ▶ Ich esse gern italienisch.

> Post • gern haben • bekommen • anrufen • gefallen • interessieren • Hobby •
> traurig • schicken

7. ● Liebst du ihn? ▶ Quatsch. Ich _____ ihn nur sehr _____ . Das ist alles.

8. ● Hat dir der Film „Illuminati" _____ ? ▶ Nein, nicht so. Das Buch war besser.

9. ● Was soll ich ihm zum Geburtstag schenken? Ich weiß nicht, was ihn _____ .
   ▶ Du, ich glaube, sein _____ ist Kochen.

10. ● David sieht so _____ aus. Was hat er denn?
    ▶ Seine Katze ist seit gestern weg.
    ● Oh je.

11. ● _____ du mich morgen früh _____ ? ▶ Nein, ich kann morgen nicht
    telefonieren. Ich _____ dir eine SMS.

12. ● Sie _____ die Einladungen per _____ . ▶ Sehr gut, vielen Dank.

A17 Wie sehen sie aus?

Ergänzen Sie.

jung – alt • klein – groß • dick – dünn • ~~schön – hässlich~~ • lang – kurz

1. _schön – hässlich_   2. _____   3. _____

4. _____   5. _____

> **Tipp** ....
>
> Lernen Sie Adjektive immer mit dem Gegenteil:
> *hässlich* ⟷ *schön*
> *klein* ⟷ *groß*

B Körper und Gesundheit

B1 Der Körper

Ergänzen Sie die Nomen mit Artikel.

Fuß • Arm • Bein • Hand • Kopf • Gesicht • Bauch • Finger • Herz

der • der • der • der • der • die • das • das • das

1. *der Kopf* _____

2. _____

3. _____

4. _____

5. _____

6. _____

7. _____

8. _____

9. _____

B2 Ein Arm – Arme

Ergänzen Sie den unbestimmten Artikel und die Pluralform.

1. *ein* Arm – *Arme* _____
2. _____ Fuß – _____
3. _____ Bein – _____
4. _____ Bauch – _____

5. _____ Hand – _____
6. _____ Kopf – _____
7. _____ Finger – _____
8. _____ Gesicht – _____

Tipp ....

Der unbestimmte Artikel (*ein, eine, ein*) bildet keinen Plural.   *Das ist ein Herz.*   *Das sind Herzen.*

....

B3 Das Gesicht

Welche Verben passen zu den Körperteilen?
Tipp: Ordnen Sie die Buchstaben in den Klammern.

1. das Haar
(enmmkä) *kämmen* _____

2. das Auge
(esehn) _____

(enles) _____

3. das Ohr
(enrhö) _____

4. die Nase
(enchrie) _____

5. der Mund
(chenspre) _____

(senes) _____

(kenntri) _____

B4 Sehen, hören, verstehen und schmecken

Ergänzen Sie die Verben in der korrekten Form.

hören • hören • ~~sehen~~ • verstehen • schmecken • sprechen • sprechen

1. Machst du bitte das Licht an? Ich _sehe_ nichts.

2. Bei Oma Maria _____ das Essen immer.

3. Du musst lauter _____ , Opa _____ dich sonst nicht.

   Er _____ sehr schlecht.

4. Das Hotel ist schön, aber man _____ leider die Autos.

5. Du _____ schon sehr gut Deutsch.

B5 Der Zahn tut weh

Ergänzen Sie.

> Zahn • lachen • starke • Apotheke • schlecht • etwas gegen • geht • ~~aussehen~~ • Zahnarzt

● Du (1.) s*iehst* nicht gut *aus*. Wie (2.) g_____ es dir?

■ Mir geht es (3.) s_____. Mein (4.) Z_____ tut weh.

● Geh in die (5.) A_____. Dort gibt es (6.) e_____ _____ Zahnschmerzen.

■ Nein, ich gehe heute zum (7.) Z_____. Ich habe so (8.) s_____ Schmerzen.

 Ich habe ein Loch im Zahn. Ich kann nicht mehr (9.) l_____.

● Oje! Gute Besserung!

> Zwei Sätze – die gleiche Bedeutung: *Ich habe Zahnschmerzen – Mein Zahn tut weh.*

B6 Beim Arzt

Ergänzen Sie.

> ~~Doktor~~ • krank • Fieber • gut • leichte • Schnupfen • schlafen • gesund • Medikament • Erkältung

● Guten Morgen, Frau Schuster. Wie geht es Ihnen?

■ Guten Morgen, Herr (1.) *Doktor* Sanders.

 Mir geht es nicht (2.) _____. Ich bin

 (3.) _____. Ich habe (4.) _____,

 38 Grad. Dazu habe ich (5.) _____ Kopf-

 schmerzen, Husten und (6.) _____.

● Sie haben eine (7.) _____, Frau Schuster.

 Ich verschreibe Ihnen ein (8.) _____ gegen die Schmerzen.

 Gehen Sie nach Hause und (9.) _____ Sie viel. Dann sind Sie bald

 wieder (10.) _____.

■ Danke, Herr Doktor.

● Gute Besserung, Frau Schuster.

B7 Mein Tag

Ordnen Sie zu.

a)

b)

c)

d)

e)

f)

g)

h)

i)

1. Um 6 Uhr stehe ich auf.

2. Um halb 7 dusche ich.

3. Um 7 Uhr gibt es Frühstück.

4. Um halb 8 putze ich meine Zähne.

5. Von 8 bis 13 Uhr 15 gehe ich in die Schule.

6. Um 14 Uhr gibt es Mittagessen.

7. Von 15 bis 16 Uhr 30 lerne ich.

8. Ab 17 Uhr habe ich Zeit zum Spielen.

9. Um 21 Uhr schlafe ich.

1.	2.	3.	4.	5.	6.	7.	8.	9.
c)								

B8 Mutter und Sohn

Ergänzen Sie.

schlafen • Handtuch • Toilette • ~~schmutzig~~ • Spiegel • sauber •
Haare waschen • ins Bett gehen • Seife

Mutter: Paul, deine Hände sind sehr (1.) _schmutzig_.

Wasche sie mit (2.) _____.

Paul Ja, Mama.

Mutter: Schau in den (3.) _____.

Du musst auch deine (4.) _____.

Paul: Gleich, Mama.

Mutter: Hier ist ein (5.) _____.

Paul: Danke, Mama.

Mutter: So, jetzt bist du wieder (6.) _____.

Jetzt kannst du (7.) _____.

Paul: Nein, ich muss noch auf die (8.) _____.

Mutter: Dann musst du aber (9.) _____.

Paul: Ja, Mama. Gute Nacht!

C Wohnen und Hausarbeit

C1 Ein Haus mit Garten

Ordnen Sie zu.

der Garten • ~~die Küche~~ • das Wohnzimmer (A: die Stube) • das Kinderzimmer •
die Toilette • das Schlafzimmer • das Badezimmer • die Treppe

1. *die Küche* _____

2. _____

3. _____

4. _____

5. _____

6. _____

7. _____

8. _____

C2 Frau Müller kauft Möbel

Ergänzen Sie die Nomen und den unbestimmten Artikel.

> Schrank • Stühle (Pl) • Teppich • Bett • Sofa • Kühlschrank • Uhr •
> Herd • T̶i̶s̶c̶h̶

Frau Müller hat eine neue Wohnung.

Sie braucht auch neue Möbel. Sie fährt

mit einer Freundin in ein Möbelgeschäft

und kauft ein. Frau Müller braucht

(1.) _einen_ T_isc_h, vier (2.) S_____e,

(3.) _____ K_____k und (4.) _____ H___d für die Küche. Für das Wohnzimmer

kauft sie (5.) _____ T_____h, (6.) _____ U___ und (7.) ____ S___a. Dazu braucht

sie (8.) _____ Sch____k und (9.) ____ B___t für das Schlafzimmer.

Das wird teuer!

C3 Ein Bild, viele Bilder

Ergänzen Sie den Plural.

1. ein Bild, viele _Bilder_

2. eine Uhr, viele _____

3. ein Sofa, viele _____

4. ein Teppich, viele _____

5. ein Bett, viele _____

6. ein Radio, viele _____

7. ein Tisch, viele _____

8. ein Schrank, viele _____

Tipp . . . .

Lernen mit Zetteln

Kleben Sie Zettel an die Möbel, die Sie lernen wollen. Notieren Sie auch den Artikel
und den Plural. Schreiben Sie Wörter mit dem Artikel *die* (feminin) auf rosa Zettel,
Wörter mit dem Artikel *der* (maskulin) auf blaue Zettel und Wörter mit dem Artikel
das auf grüne Zettel.

. . . .

C4 Ein Dialog

Ergänzen Sie.

> zu Hause • groß • ~~Wohnung~~ • Zimmer • Balkon • Mieten (Pl) • hoch •
> wohne • kostet

● Hast du eine eigene (1.) _Wohnung_ ?

■ Nein, ich habe ein (2.) _____ in einem Studentenheim.

● Ich (3.) _____ noch (4.) _____. In München sind die (5.) _____ sehr

(6.) _____.

■ Mein Zimmer ist billig. Es (7.) _____ nur 280 Euro im Monat.

● Das ist gut. Wie (8.) _____ ist das Zimmer?

■ Es hat 12 m² und hat einen (9.) _____.

● Kann ich mir das Zimmer anschauen?

■ Ja, gerne.

C5 Groß und klein

Ergänzen Sie das Gegenteil.

> leer • ~~neu~~ • unmodern • dunkel • teuer • laut • kalt • klein

1. alt	↔	_neu_	5. billig	↔	_____
2. groß	↔	_____	6. leise	↔	_____
3. modern	↔	_____	7. warm	↔	_____
4. hell	↔	_____	8. voll	↔	_____

C6 Ich suche eine Wohnung

Ergänzen Sie.

> Stock • Apartment • schön • Fenster (Pl) • ruhig • ~~Anzeige (CH: Annonce)~~ •
> liegt • Ecke • Dusche • Quadratmeter • hell

● Guten Tag, mein Name ist Gärtner. Ich habe Ihre (1.) _Anzeige (CH: Annonce)_

in der Abendzeitung gelesen. Ist das (2.) _____ noch frei?

■ Ja.

● Wie viel (3.) _____ hat das Apartment?

■ Es hat 50 m².

● In welchem (4.) _____ liegt es?

■ Das Apartment ist im 5. Stock. Es ist sehr sonnig und (5.) _____ .

● Wo (6.) _____ das Apartment genau?

■ Es liegt in der Nähe vom Nordbad, Agnesstraße, (7.) _____ Zentnerstraße.

● Ist die Lage (8.) _____ oder gibt es viel Lärm?

■ Das Apartment liegt in einer Nebenstraße. Es hat auch neue (9.) _____ .
Man hört keinen Lärm.

● Hat das Apartment ein Bad mit Badewanne oder nur eine (10.) _____ .

■ Es hat ein Badezimmer mit Badewanne.

● Das ist (11.) _____ . Wann kann ich mir das Apartment anschauen?

■ Sie können morgen Abend um 19 Uhr kommen.

● Da habe ich Zeit. Auf Wiederhören und bis morgen.

C7 Auf und zu, an und aus

Was passt nicht?

1. Das Licht ist   an – aus – ~~offen.~~

2. Das Fenster ist   geschlossen – zu – ein.

3. Die Tür ist   an – offen – auf.

4. Der Computer ist   an – aus – ein.

5. Die Heizung ist   ein – an – aus.

C8 Bei Familie Wagner

Ergänzen Sie.

> zumachen • ausmachen • ~~aufmachen~~ • anmachen • offen • warm •
> laut • dunkel • Schlüssel • Abfall

Familie Wagner ist in der Küche.

Mutter: Sarah, kannst du bitte das Fenster (1.) _aufmachen_ ?

           In der Küche ist es zu (2.) _____ .

Sarah: Das Fenster ist schon (3.) _____ .

Mutter: Tim, kannst du bitte das Radio (4.) _____ ? Es ist hier zu

           (5.) _____ .

Tim: Ich möchte noch das Lied hören, Mama.

Mutter: Lisa, kannst du bitte das Licht (6.) _____ ? Es ist hier zu

           (7.) _____ .

Lisa: Gleich, Mama.

Mutter: Fred, kannst du bitte den (8.) _____ zur Mülltonne bringen?

Vater: Ja, sofort. Ich brauche aber den (9.) _____ für die Tür. Sie ist zu.

Mutter: Kannst du auch noch die Balkontür (10.) _____ ? Sie ist noch offen.

Vater: Mache ich.

Mutter: Vielen Dank. Bald ist das Abendessen fertig.

Alle: Lecker!!

C9 Was/Wer ist wo?

Ergänzen Sie.

aus • in • ~~an~~ • vor • auf • unter

1. Das Bild hängt *an* der Wand.

2. Die Frau sitzt _____ dem Sofa.

3. Der Hund liegt _____ dem Tisch.

4. Die Blumen sind _____ der Vase.

5. Der Tisch steht _____ dem Schrank.

6. Das Kind kommt _____ dem Haus.

D Natur, Wetter und Jahreszeiten

D1 Tiere und Pflanzen

Ergänzen Sie die Nomen mit dem unbestimmten Artikel.

> (die) Blume • (das) Schwein • (die) Katze • (der) Fisch • (der) Baum •
> (die) Kuh / (das) Rind • (der) Vogel • (der) Hund • (die) Pflanze

Das ist ...

1. _ein Baum_   2. _____   3. _____

4. _____   5. _____   6. _____

7. _____   8. _____   9. _____

D2 Ich sehe viele Bäume ...

Schreiben Sie die Wörter aus D1 im Plural.

Ich sehe ...

1. _viele Bäume_   2. _viele_   3. _____

4. _____   5. _____   6. _____

7. _____   8. _____   9. _____

> **Tipp** ....
>
> **Lernen mit Wortkarten**
> Lernen Sie mit Bildern. Schreiben Sie das neue Wort mit Artikel und Plural auf die eine
> Seite der Karte. Malen Sie das Wort auf die andere Seite der Karte. Sie können auch
> Bilder aus Zeitschriften benutzen.
> ....

D3 Eine Postkarte aus dem Urlaub

Ergänzen Sie.

Wetter • Urlaub • Grüße • Hotel • Essen • Meer • Woche • Grad • Strand

Liebe Regina,

wir machen eine (1.) _Woche_ Urlaub

in einem sehr schönen (2.) _____ in

Timmendorf. Das (3.) _____ ist super.

Das (4.) _____ im Hotel schmeckt sehr

gut. Wir gehen jeden Tag im (5.) _____

schwimmen und am (6.) _____ spazieren.

Das Wasser hat 23 (7.) _____. Leider ist

der (8.) _____ wie immer viel zu kurz.

Liebe (9.) _____ von

Marion

Regina Mayer

Friedrich-List-Str. 44

99423 Weimar

D4 Norden, Süden, Osten und Westen

Ergänzen Sie.

Norden • Süden • Osten • Westen

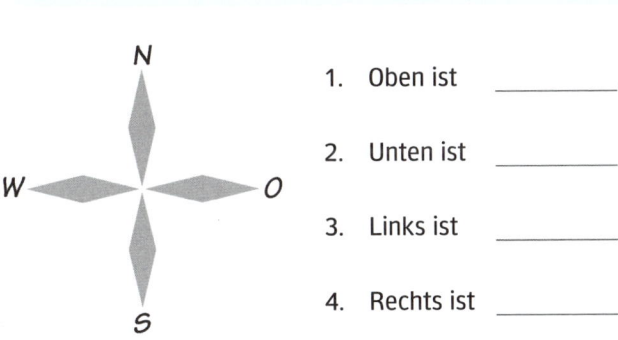

1. Oben ist _____.

2. Unten ist _____.

3. Links ist _____.

4. Rechts ist _____.

> **Tipp** ....
>
> **Himmelsrichtungen**
> Der Artikel ist immer maskulin: **der** *Norden*, **der** *Süden*, **der** *Osten*, **der** *Westen*
> ....

D5 Auf dem Land

Ordnen Sie zu.

See • Berg • Straße • Dorf • Wald • Stadt • Fluss • Schwimmbad • Kirche

das • die • der • die • der • der • das • die • der

1. ___der Berg___

2. _____

3. _____

4. _____

5. _____

6. _____

7. _____

8. _____

9. _____

D6 Hier sind Berge ...

Schreiben Sie die Wörter aus D5 im Plural.

Hier sind ...

1. ___Berge___   4. _____   7. _____

2. _____   5. _____   8. _____

3. _____   6. _____   9. _____

> **Tipp** ....
>
> **ss oder ß?**
> Nach kurzem Vokal steht **ss:** *der Fluss, der Pass, Russland* ...
> Nach langem Vokal und Diphthong *(au, ei, äu, eu)* steht **ß:** *Straße, Gruß, dreißig* ...

D7 Jahreszeiten in Deutschland

Ergänzen Sie.

der Winter • der Sommer • der Frühling • der Herbst

1. _____

2. _____

3. _____

4. _____

Tipp

Jahreszeiten
Der Artikel ist immer maskulin: **der** Frühling, **der** Sommer, **der** Herbst, **der** Winter

D8 Ich mag den Frühling

Ergänzen Sie.

Grad • heiß • kalt • Nebel • Blumen • Wald • Nachmittag • Sonne • schneit •
Schnee • Jahreszeit • Schwimmbad • Wind • grün • warm • Regen

1. Ich mag den Frühling. In meinem Garten gibt es dann die ersten B_lumen_ und alles
wird wieder g_____. Morgens und abends ist es im Frühling noch kühl und frisch.
Aber am N_____ scheint oft die S_____ und es wird wärmer.

2. Der Sommer ist für mich die schönste J_____. Es ist oft w_____.
Manchmal wird es auch h_____. Ich gehe dann gern ins S_____ oder an
einen See. Wenn es am Vormittag über 30 G_____ hat, hat mein kleiner Sohn nur
bis 11 Uhr Schule. Das nennt man „hitzefrei". Das gibt es aber nicht oft.

3. Im Herbst gibt es oft N_____, W_____ und R_____. Das mag ich nicht so sehr.
Aber der W_____ ist im Herbst sehr schön: Die Blätter werden dann gelb, rot und
braun.

4. Ich wohne in München. Dort ist es im Winter oft sehr k_____ und es gibt S_____.
Ich freue mich, wenn es sch_____t. Dann kann ich Ski fahren.

D

D9 Monate

Ergänzen Sie die Vokale in den Monatsnamen.

1. Frühling: M_ä_rz, __pr__l, M__ __
2. Sommer: J__n__, J__l__, __ __g__st
3. Herbst: S__pt__mb__r, __kt__b__r, N__v__mb__r
4. Winter: D__z__mb__r, J__n__ __r, F__br__ __r

Tipp . . . .

Monate
Der Artikel ist immer
maskulin: **der** Januar,
der Februar, **der** März ...

D10 Wetter

Ordnen Sie zu.

a)

b)

c)

d)

1. Die Sonne scheint. / Es ist sonnig.   _a)_
2. Es gibt Schnee. / Es schneit.   ___
3. Es gibt Wind. / Es ist windig.   ___
4. Es gibt Nebel. / Es ist neblig.   ___

D11 Das Wetter wird schlecht

Ergänzen Sie das Gegenteil. Tipp: Ordnen Sie die Buchstaben in den Klammern.

1. Es ist: trocken ↔ (assn) _nass_
2. Es ist: warm ↔ (atlk) _____
3. Das Wetter wird: schlecht ↔ (tgu) _____
4. Es bleibt: gut ↔ (lechtsch) _____

E   Reisen, Verkehr und Freizeit

E1 So kann man reisen

Ordnen Sie zu.

> das Auto • das Fahrrad (CH: das Velo) • der Zug • der Bus • das Schiff •
> das Flugzeug • die U-Bahn • das Motorrad • die Straßenbahn (CH: die Tram)

1. *das Fahrrad*
   (CH: das Velo)   2. _____   3. _____

4. _____   5. _____   6. _____

7. _____   8. _____   9. _____

E2 Wie weit ist es zum Dom?

Was passt zusammen?

1. Wie weit ist es zum Dom?
2. Wie lange brauche ich zum Zoo?
3. Wo finde ich den Bahnhof?
4. Gibt es einen Bus?
5. Wohin fährt die Straßenbahn?
6. Können Sie mir den Weg zeigen?

a) Ja, die Linie 5.
b) Die Linie 16 fährt zum Hafen.
c) Tut mir leid, ich bin nicht von hier.
d) Fast zwei Kilometer.
e) Etwa eine halbe Stunde.
f) Gegenüber vom Dom.

1.	2.	3.	4.	5.	6.
d)					

Tipp

Haben Sie schon mal im Gehen gelernt? Probieren Sie es einmal aus. Man kann sich beim Spazierengehen gut konzentrieren und sich neue Wörter gut merken.

E3 In der Touristeninformation

Ergänzen Sie.

> U-Bahn • Bus • Stadtplan • Straßenbahn (CH: Tram) • Kilometer • geradeaus •
> rechts • links • Prospekte (Pl) • am besten

● Entschuldigen Sie, haben Sie einen (1.) S*tadtplan* von München?

■ Ja, hier ist ein Plan.

● Haben Sie auch Informationen über die Sehenswürdigkeiten?

■ Bitte nehmen Sie die (2.) P_____ dort.

● Wie komme ich (3.) a__ b_____ von hier zum Englischen Garten?

■ Laufen Sie von hier zum Odeonsplatz. Biegen Sie (4.) l_____ ab in die Ludwigstraße.

Gehen Sie die Ludwigstraße (5.) g_____ bis zur Veterinärstraße. Dann biegen

Sie (6.) r_____ ab. Nach etwa einem (7.) K_____ kommen Sie zu einer Kreuzung

mit einer Ampel. Da sehen Sie den Eingang zum Englischen Garten.

● Gibt es eine (8.) S_____ oder einen (9.) B____ zum Englischen

Garten?

■ Nein, aber Sie können zwei Stationen mit der (10.) U-_____ fahren. Von der Haltestelle

Universität ist es nicht mehr weit.

● Vielen Dank für die Information. Auf Wiedersehen.

E4 Vor der Reise

Ergänzen Sie. Achten Sie bei Verben auf die korrekte Form.

> Bahnhof • Flughafen • ~~Licht~~ • anmachen • geben • nehmen • holen • gehen • tragen • schließen • warten • fahren

1. Ich muss noch das L*icht* ausmachen und die Fenster schl_____.
2. Das ist ja kalt im Auto. Kannst du die Heizung an_____?
3. G_____ wir zu Fuß oder n_____ wir den Bus?
4. Entschuldigung, hält der Bus am B_____?
5. H_____ du das Auto? Ich w_____ hier mit den Kindern.
6. Bringst du mich zum F_____? Es f_____ noch kein Bus.
7. G_____ du mir die Pässe?
8. T_____ du bitte den Koffer? Der ist so schwer.

E5 E-Mail an einen Freund

Ergänzen Sie.

> Woche • sehen • Grüße • Hauptbahnhof • Dusche • Zug • Hotel • Reise • ~~Ferien~~

● ● ●

An: Paul.Petermann@mnet.de

Betreff: Reise nach München

Lieber Paul,

in zwei Wochen fangen meine (1.) *Ferien* an. Ich plane eine (2.) _____
nach München zum Oktoberfest. Ich möchte gerne eine (3.) _____ bleiben.
Kennst du ein billiges (4.) _____? Ich suche ein Einzelzimmer mit
(5.) _____ oder Bad.
Ich fahre mit dem (6.) _____ von Berlin nach München und komme am
Freitag, den 29. September, am Münchner (7.) _____ an. Wann können
wir uns dann (8.) _____?

Liebe (9.) _____ aus Berlin

Dein Leon

E6 Am Bahnhof

Wie heißen die Wörter?

1. ● Guten Tag, ich brauche eine (tehrFakar) _Fahrkarte_ nach Karlsruhe.

2. ■ Einfach oder hin und (rüzuck) _____?

3. ● Hin und zurück, in der 1. (asKlse) _____, bitte.

4. ■ Möchten Sie einen Platz (renerservie) _____?

5. ● Ja, gerne. Fährt der Zug direkt nach Karlsruhe oder muss ich (steiumgen)

    _____?

6. ■ Sie fahren mit dem ICE von München nach Stuttgart. Dort müssen Sie in einen

    anderen (guZ) _____umsteigen.

7. ● An welchem (hnsteigBa) _____ fährt der Zug ab?

8. ■ Der Zug fährt an (isGle) _____ 15 ab.

    ● Vielen Dank für die Auskunft.

    ■ Gute Reise!

E7 Abfahren und ankommen

Wie heißen die Verben?

1. die Reservierung	_reservieren_	5. der Abflug	_____
2. die Ankunft	_____	6. die Abfahrt	_____
3. der Plan	_____	7. die Reise	_____
4. die Information	_____	8. die Übernachtung	_____

> **Tipp** ....
>
> Nomen mit **-ung** haben immer den Artikel **die**: **die** Führung, **die** Besichtig**ung**
>
> ....

E8 Anruf im Hotel

Ergänzen Sie.

> bezahlen • Schlüssel • Rezeption • Frühstück • kostet • Nichtraucher •
> Balkon • Doppelzimmer • bleiben • reservieren

● Guten Tag, mein Name ist Schulze. Ich möchte gerne ein Zimmer (1.) *reservieren* .

■ Gerne. Wie viele Nächte wollen Sie (2.) _____?

● Wir sind eine Woche in Berlin, also sieben Nächte.

■ Möchten Sie ein Einzelzimmer oder ein (3.) _____?

● Wir nehmen ein Doppelzimmer. Haben Sie ein Zimmer mit (4.) _____?

■ Ja. Möchten Sie ein Zimmer für Raucher oder (5.) _____?

● Ein Nichtraucher-Zimmer bitte. Wie viel (6.) _____ das Zimmer?

■ Es kostet 650 Euro die Woche.

● Ist der Preis mit oder ohne (7.) _____?

■ Der Preis ist inklusive Frühstück.

● Schön. Reservieren Sie das Zimmer bitte vom 24. bis zum 31. Oktober.

   Wir kommen am 24. Oktober am Abend in Berlin an.

■ Das ist kein Problem. Unsere (8.) _____ ist 24 Stunden am Tag geöffnet.

   Sie können Ihren (9.) _____ dort abholen.

● Eine letzte Frage: Kann man bei Ihnen mit Kreditkarte (10.) _____?

■ Sicher, das ist kein Problem.

● Danke.

E9 Wo und wie?

Ergänzen Sie die Verben in der korrekten Form.

> suchen • sitzen • stellen • stecken • aufstehen • liegen • liegen •
> legen • stehen • ~~machen~~

1. ● Was m_achst_ du? ■ Ich s_____ meine Brille. ● Die l_____ doch im Auto.

   ■ Ach ja!

2. ● Ihre Fahrkarte bitte. ■ Das gibt es doch nicht! Ich habe sie gerade noch gehabt.

   ▶ Du, die st_____ in deinem Hemd.

3. ■ Wo ist denn Simon? ● Er l_____ noch im Bett.

4. ● St_____ du den Koffer bitte auf den Wagen? ■ Gut. Oh, der ist aber schwer!

5. ■ Wie war die Fahrt? ● Ich musste die ganze Zeit st_____. ■ Oh je.

6. ● Ich glaube, Sie s_____ auf meinem Platz. ■ Oh, Entschuldigung.

7. ■ Ich l_____ dir die Tickets fürs Kino auf den Tisch. ● Danke.

8. ● Es ist schon 7 Uhr. Du musst auf_____! ■ Och ... Nur noch fünf Minuten!

E10 Keine Zeit!

Ergänzen Sie.

> Minuten • Tage • Wochen • Stunden • ~~Monate~~ • Sekunden

1. Das Jahr hat nur zwölf _Monate_.

2. Ein Monat hat nur vier _____.

3. Eine Woche hat nur sieben _____.

4. Ein Tag hat nur vierundzwanzig _____.

5. Eine Stunde hat nur sechzig _____.

6. Eine Minute hat nur sechzig _____.

E11 Die Woche

Ordnen Sie zu.

1. MO
2. DI
3. MI
4. DO
5. FR
6. SA
7. SO

a) Sonntag
b) Samstag
c) Montag
d) Freitag
e) Dienstag
f) Donnerstag
g) Mittwoch

1.	2.	3.	4.	5.	6.	7.
c)						

E12 Hobbys

Ordnen Sie zu.

ins Theater gehen • fotografieren • lesen • spazieren gehen • Fußball spielen • Musik hören • fernsehen • Rad fahren • schwimmen

1. _Fußball spielen_
2. _____
3. _____

4. _____
5. _____
6. _____

7. _____
8. _____
9. _____

E13 Ich habe frei

Finden Sie das passende Wort.

Feiertag • Wochenende • Urlaub • Ferien • frei

1. Ich muss heute nicht arbeiten. = Ich habe _frei_____.

2. Ich habe keine Schule. = Ich habe _____.

3. Ich muss diese Woche nicht arbeiten. = Ich habe _____.

4. Ich muss Samstag und Sonntag nicht arbeiten. = Da ist _____.

5. Der 3. Oktober ist kein Arbeitstag. = Der Tag ist ein _____.

E14 Petras Woche

Bilden Sie Sätze. Achten Sie bei den Verben auf die korrekte Form.

Mo	Di	Mi	Do	Fr	Sa	So
18 Uhr schwimmen gehen	20 Uhr ins Kino gehen mit Paul	16 Uhr joggen	19 Uhr mit Freunden treffen	15 Uhr Tennis spielen	11 Uhr Rad fahren	lange schlafen!

1. _Am Montag geht Petra um 18 Uhr schwimmen._____

2. _Am Dienstag_____

3. _Am_____

4. _____

5. _____

6. _____

7. _____

E15 Leonie und Moritz gehen ins Kino

Ergänzen Sie.

> spät • pünktlich • Eingang • um • treffen • Tickets (Pl) • sehen • Plätze (Pl) •
> vorne • hinten • bis • von • ~~Karten (Pl)~~ • anrufen

Leonie: Hallo Moritz, kannst du (1.) _Karten_ fürs Kino reservieren?

Moritz: Ja. Wann kann ich dort (2.) _____?

Leonie: Die Kinokasse ist (3.) _____ 15 Uhr (4.) _____ 20 Uhr geöffnet.

Moritz: Möchtest du lieber (5.) _____ oder (6.) _____ sitzen?

Leonie: Die (7.) _____ weiter hinten sind gut. Da kann man den Film besser

(8.) _____.

Moritz: Für welche Vorstellung soll ich (9.) _____ holen?

Leonie: Für den Film (10.) _____ 17 Uhr.

Moritz: Okay, wo sollen wir uns dann (11.) _____?

Leonie: Wir treffen uns um 16 Uhr 30 am (12.) _____. Bitte sei (13.) _____.

Moritz: Ich komme nie zu (14.) _____!

Leonie: Gut. Dann bis später.

E16 Früher und später

Wie heißt das Gegenteil?

> uninteressant • letzte • pünktlich • nie • Ausgang • geschlossen • schnell • ~~später~~

1. Der Zug kommt *früher.* ↔ Der Zug kommt _später_.

2. Das Auto fährt *langsam.* ↔ Das Auto fährt _____.

3. Die Disco ist *geöffnet.* ↔ Die Disco ist _____.

4. Wir treffen uns am *Eingang.* ↔ Wir treffen uns am _____.

5. Ich gehe *immer* tanzen. ↔ Ich gehe _____ tanzen.

6. Ich komme *zu spät.* ↔ Ich komme _____.

7. Der Film ist *interessant.* ↔ Der Film ist _____.

8. Das ist die *erste* U-Bahn. ↔ Das ist die _____ U-Bahn.

E17 **Entschuldigen Sie, wie viel Uhr ist es?**

Schreiben Sie die Uhrzeiten.

Viertel vor neun • halb acht • fünf vor zwölf • zehn nach drei • fünf Uhr • Viertel nach elf

 1. _Es ist halb acht._

 2. _Es ist_

 3. _____

 4. _____

 5. _____

 6. _____

F Essen, Trinken und Einkaufen

F1 Lebensmittel

Ordnen Sie zu und ergänzen Sie den Artikel.

Apfel • Zitrone • Orange (A: Apfelsine) • Salat • Suppe • Käse • Nudeln (Pl) •
Pommes (Pl) • Kartoffel (A: Erdapfel) • Brot • Fleisch • Fisch • Eis • Kuchen •
Schokolade • Marmelade

der • der • der • der • der • die • die • die • die • die • die • die • die • das • das • das

1. _die Suppe_   2. _____   3. _____   4. _____

5. _____   6. _____   7. _____   8. _____

9. _____   10. _____   11. _____   12. _____

13. _____   14. _____   15. _____   16. _____

F2 Beim Frühstück

Ergänzen Sie.

Käse • Salz • Hunger • Butter • Brot • Kaffee • Milch • Durst

● Mama, ich habe (1.) _Durst_ . Kann ich ein Glas (2.) _____ haben?

▶ Hier, bitte.

■ Mama, ich habe (3.) _____ . Kann ich eine Scheibe (4.) _____ bekommen?

▶ Ja, hier ist eine.

○ Maria, kannst du mir bitte eine Tasse (5.) _____ einschenken?

▶ Gerne.

● Mama, ich brauche die (6.) _____ für mein Brötchen.

▶ Sie ist neben deinem Teller.

○ Maria, kannst du mir das (7.) _____ für mein Ei geben?

▶ Hier, bitte.

■ Mama, wo sind der (8.) _____ und die Wurst?

▶ Du musst sie aus dem Kühlschrank holen.

● Mama, wo ...?

▶ Jetzt ist genug! Ich möchte auch gern frühstücken.

F3 Getränke und Essen

Ordnen Sie zu und ergänzen Sie den bestimmten Artikel.

Brot • Kaffee • Saft • Tee • Eis • ~~Bier~~ • Reis • Wasser • Nudeln (Pl) •
Wein • Suppe • Kuchen • Pommes (Pl)

1. kalte Getränke: *das Bier,* _____

2. warme Getränke: _____

3. kaltes Essen: _____

4. warmes Essen: _____

> **Tipp** ....
>
> Alkoholische Getränke haben meistens den Artikel **der**: **der** Wein, **der** Schnaps ...
> Aber: **das** Bier
> ....

> **Tipp** ....
>
> **So lernen Sie schnell:**
> Sprechen Sie neue Wörter beim Lernen. Sprechen Sie die Wörter unterschiedlich:
> einmal laut, einmal leise, einmal langsam, einmal schnell.
> ....

> **Tipp** ....
>
> **Lernen Sie regelmäßig!**
> Zum Beispiel immer morgens nach dem Frühstück oder jeden Abend von 19.00 bis
> 19.15 Uhr oder immer abends vor dem Schlafen. So behalten Sie neue Wörter gut.
> ....

F4 Im Restaurant

Ergänzen Sie.

> Rechnung • Appetit • zahlen • Essig • Pfeffer • Salat • Suppe • Menü •
> bestellen • Bier • trinken • Speisekarte • reserviert • macht • ~~Platz~~ •
> Kreditkarte • bar • frei

● Entschuldigen Sie bitte,

ist dieser (1.) _Platz_ noch

(2.) _____?

■ Tut mir leid, dieser Tisch ist

(3.) _____. Aber der

Tisch daneben ist noch frei.

● Danke. Könnte ich bitte die (4.) _____ haben? Ich möchte etwas essen.

■ Hier, bitte. Möchten Sie schon etwas zu (5.) _____ bestellen?

● Ja, ein (6.) _____ , bitte.

■ Was möchten Sie (7.) zu essen _____?

● Ich hätte gerne das (8.) _____ , bitte.

Als Vorspeise die (9.) _____ und

als Hauptspeise den Schweinebraten mit Knödel

und (10.) _____.

■ Sehr gerne.

■ Hier, Ihre Hauptspeise. Guten (11.) _____!

● Entschuldigung, könnten Sie mir bitte Salz und

(12.) _____ bringen?

■ Hier, bitte.

● Für den Salat brauche ich noch (13.) _____ und Öl.

■ Kommt sofort.

● Ich möchte (14.) _____ , bitte.

■ Die (15.) _____ kommt sofort.

● Kann ich auch mit (16.) _____ bezahlen?

■ Nein, bei uns können Sie nur (17.) _____

  bezahlen. Das (18.) _____ 16,50 Euro.

● Hier, bitte. Das stimmt so.

■ Vielen Dank!

Tipp ....

In Deutschland können Sie der Bedienung in Cafés und Restaurants ein Trinkgeld geben, Sie müssen aber nicht. Trinkgeld gibt man, wenn man mit dem Service zufrieden war. Üblich ist es, bis 10 % der Rechnungssumme zusätzlich zu zahlen oder die Rechnung aufzurunden. Aufrunden heißt, dass eine Summe in die nächstgrößere runde Zahl verwandelt wird. Beispiel: Die Bedienung sagt: „Das macht zusammen 18,20 €." Der Gast gibt ihr einen 20-Euro-Schein und sagt: „Stimmt so."
Nicht üblich ist es, in Lokalen das Trinkgeld auf dem Tisch liegen zu lassen. Auch Taxifahrern, Friseuren und Zimmermädchen in Hotels gibt man häufig Trinkgeld.
In Österreich heißt Trinkgeld *Schmatt* oder *Schmattes*. In Lokalen gibt man 10 % der Rechnungssumme Schmatt, in Wiener Kaffeehäusern bis zu 15 %. In der Schweiz ist in Lokalen ein Bedienungsgeld von 15 % im Preis enthalten. Ein Trinkgeld ist nicht notwendig, die Bedienung freut sich aber, wenn Sie die Rechnung aufrunden.
....

F

F5 Geschirr und Besteck

Ordnen Sie zu.

der Teller • die Gabel • die Flasche • ~~das Messer~~ • das Glas • der Löffel

1. _das Messer_   2. _____   3. _____

4. _____   5. _____   6. _____

F6 Wie schmeckt das Essen?

Wie heißt das Gegenteil?

sauer • besetzt • schlecht • kalt • hart • ~~trocken~~

1. Das Brot ist frisch.   ↔   Das Brot ist _trocken_.

2. Das Ei ist weich.   ↔   Das Ei ist _____.

3. Der Kaffee ist heiß.   ↔   Der Kaffee ist _____.

4. Das Essen schmeckt gut.   ↔   Das Essen schmeckt _____.

5. Der Platz ist frei.   ↔   Der Platz ist _____.

6. Die Orange ist süß.   ↔   Die Orange ist _____.

F7 Haben wir noch Milch?

Ergänzen Sie. Achten Sie bei Verben auf die korrekte Form.

Supermarkt • mitnehmen • kaufen • brauchen • mögen • Metzger • Bäcker • Brötchen (Pl) • Apotheke • Fleisch • Kilo • Gemüse • Kiosk

● Kaufst du das Hackfleisch beim

(1.) M*etzger* (A: Fleischhauer)?

Das (2.) F_____ ist dort nicht so fett

wie im Supermarkt.

■ O. K. Soll ich auch noch Wurst

mitbringen?

● Ja, (3.) n____ ____, was du (4.) m_____.

■ Soll ich auch noch (5.) G_____ und Obst (6.) k_____?

● Ja, Äpfel, Bananen und Orangen. Und wir (7.) b_____ auch noch Kartoffeln.

■ Wie viel Kartoffeln willst du denn?

● Ein (8.) K_____ reicht.

■ Soll ich auch noch Brot oder (9.) B_____ (A: Semmeln; CH: Brötli) kaufen?

● Nein, der (10.) B_____ hat doch sonntags auf.

■ Haben wir noch Milch?

● Nein, aber ich fahre noch zum (11.) S_____.

■ Gehst du in die (12.) A_____ und holst die Medikamente für Oma?

● Ja, und die Zeitung?

■ Die hole ich gleich am (13.) K_____ (A: in der Trafik).

Tipp . . . .

Brötchen oder Semmeln?
Es gibt verschiedene Wörter für das Wort *Brötchen*. In Österreich und Bayern, z. B. in München, sagt man normalerweise *Semmel*. In manchen Teilen Süddeutschlands, z. B. in Stuttgart, sagt man *Breedle* oder *Weggle*. In der Schweiz heißen Brötchen *Brötli* oder *Bürli*. Und in Berlin sind Brötchen *Schrippen*.

. . . .

F8 Die Bäckerei hat sonntags auf

Ordnen Sie die Buchstaben in Klammern und ergänzen Sie.

1. der (tagoMn)   *Montag – montags*
2. der (tasDieng)   _____
3. der (wochttMi)   _____
4. der (ersnnDotag) _____
5. der (tageiFr)   _____
6. der (tagmsSa)   _____
7. der (nntagSo)   _____
8. der (ochWengat)   _____

Tipp ....

Wochentage haben immer den Artikel **der**: **der** Montag, **der** Dienstag ...
Die Bäckerei hat **sonntags** auf. = Die Bäckerei hat jeden Sonntag auf.
....

F9 Was kaufe ich wo?

Ordnen Sie zu.

1. Brötchen und Brot hole ich   a) in der Metzgerei (A: Fleischhauerei).
2. Medikamente bekomme ich   b) im Supermarkt.
3. Ich kaufe Obst und Gemüse oft   c) in der Apotheke.
4. Ich kaufe Wurst und Fleisch   d) im Obstladen oder auf dem Markt.
5. Milch, Zucker und Reis kaufe ich   e) in der Bäckerei.

1.	2.	3.	4.	5.
e)				

F10 Im Obstladen einkaufen

Ergänzen Sie die passenden Sätze.

> Oh, das ist mir zu teuer. • Nein, danke. Das ist alles. •
> Ich hätte gern ein Pfund Tomaten. • Ich bin dran.

● Wer ist der Nächste?

■ (1.) *Ich bin* _____

● Bitte schön?

■ (2.) _____

● Noch etwas?

■ Fünf Bananen bitte. ... Und, haben Sie Erdbeeren?

● Ja, aus Südafrika. Die Schale vier Euro.

■ (3.) _____

Dann nehme ich eine Ananas.

● Sonst noch etwas?

■ (4.) _____

● Das macht dann acht Euro dreißig.

F11 Die Verkäuferin fragt ...

Ordnen Sie die Wörter und schreiben Sie die Satzanfänge groß.

1. etwas – sonst – noch – ?

   Sonst noch etwas? _____

2. es – ein – darf – sein – bisschen – mehr – ?

   _____

3. wünschen – Sie – ?

   _____

4. Sie – viel – wie – möchten – ?

   _____

5. das – alles – ist – ?

   _____

6. ich – Ihnen – kann – helfen – ?

   _____

F

F12 Der Kunde sagt ...

Suchen Sie die Sätze und schreiben Sie.

FJFJGEBENSIEMIRBITTEEINENKOPFSALATDGSKZRZLUHABENSIEEIERF
JJKFGNEINDANKEDASISTALLESJHFWIEVIELKOSTENDIEERDBEERENHG
FJFDHRDFFGDTZDFWOFINDEICHDENZUCKERXMHGDHDASISTALLESC

1. _Geben Sie mir bitte einen Kopfsalat._
2. _____
3. _____
4. _____
5. _____
6. _____

F13 Wie viel möchten Sie denn?

Ergänzen Sie. Es gibt manchmal mehrere Möglichkeiten.

(der) Becher • (der) Liter • (die) Packung • (das) Gramm • (die) Flasche •
(das) Kilo • (die) Dose (CH: (die) Büchse) • fünf • (das) Pfund

In der Metzgerei

Ich möchte gerne ...

... ein (1.) _Pfund_ / _____ Hackfleisch,

... hundert (2.) _____ Salami.

Im Obstladen

Ich hätte gerne ...

... (3.) _____ Bananen,

... ein (4.) _____ / _____ Kartoffeln .

Im Supermarkt

Wir brauchen noch ...

... einen (5.) _____ Sahne,

(A: Schlagobers)

... zwei (6.) _____ / _____ Milch,

... eine (7.) _____ Kaffee,

... eine (8.) _____ Pizzatomaten.

F14 Kaufen und verkaufen

Ordnen Sie zu.

1. Soll ich noch einkaufen?

2. Holst du Brötchen? Und wir brauchen auch noch Brot fürs Wochenende.

3. Ich möchte das als Geschenk.

4. Ich möchte diese Schuhe in Größe 40.

5. Gibt es das Fahrrad auch in einer anderen Farbe?

6. Wo finde ich Winterjacken für Kinder?

7. Lila mag ich nicht. Können Sie mir den Pullover in einer anderen Farbe zeigen?

8. Gefällt dir das Kleid?

9. Wo finde ich die Computer im Sonderangebot?

10. Was machen wir mit dem alten Tisch?

a) Ich kann Ihnen den Pullover in Grün und in Schwarz bringen.

b) Im zweiten Stock.

c) Ja, gern. Welches Papier möchten Sie denn?

d) Ja, aber beeile dich. Hier schließen die Geschäfte alle schon um 18 Uhr.

e) Die Computer im Sonderangebot sind leider schon aus.

f) Die gibt es leider nicht mehr in Größe 40.

g) Ich kann Ihnen das Fahrrad gerne in Blau bestellen.

h) Wir können ihn auf dem Flohmarkt* verkaufen.

i) Ja, es ist sehr schön.

j) Ja, ich fahre gleich zum Bäcker.

*Flohmarkt = Markt, auf dem man gebrauchte und alte Sachen kaufen und verkaufen kann

1.	2.	3.	4.	5.	6.	7.	8.	9.	10.
d)									

Tipp

Gibt es zu Ihrem Lehrbuch eine Hör-CD? Hören Sie diese CD oft. Haben Sie vielleicht noch einen alten Kassettenrekorder oder ein Diktiergerät? Dann können Sie neue Wörter sprechen und aufnehmen. Sie können auch das Mikrofon Ihres Computers benutzen und die Daten auf Ihrem MP3-Player speichern. – Aber egal, welche Technik Sie nehmen: Hören Sie Ihre neuen Wörter immer wieder. So lernen Sie optimal.

F15 Kleider

Ergänzen Sie mit dem unbestimmten Artikel.

(der) Rock (CH: (der) Jupe) • (das) T-Shirt • (die) Bluse • (die) Hose • (das) Hemd •
das Kleid (CH: (der) Rock) • (der) Pullover • (der) Mantel • (die) Jacke

Ich suche 1. *ein Kleid* 2. _____ 3. _____
*(CH: einen Rock)*

Ich suche 4. _____ 5. _____ 6. _____

Ich suche 7. _____ 8. _____ 9. _____

F16 Wie ist die Hose?

Unterstreichen und ordnen Sie die Adjektive.

VBILLIGIOZJNPSCHÖNAGFSAUBERCGCHDJFSCHMUTZIGTIUGRAUKWQPFHGHÜBSCHFZ
LDUIRFMODERNGDHMOROTUIKNETTAJIFPFGKRRIFGRÜNZWJFPMFHBLAUSCYZOGELB
DGKSCHWARZHGGWTEUERDVXPGÜNSTIGP

1. Aussehen: _____

2. Farbe: _____

3. Preis: *billig,* _____

G Amt, Post, Bank und Polizei

G1 Post und Telefon

Ordnen Sie zu.

> <u>der Absender</u> • der Empfänger • die Postleitzahl • die Briefmarke • die Adresse

1. *der Absender*

2. _____

3. _____

5. _____

4. _____

> das Handy • das Päckchen (A: das Packerl) • das Paket • das Telefonbuch •
> die Postkarte • das Telefon

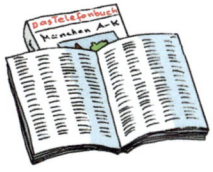

6. _____

7. _____

8. _____

9. _____

10. _____

11. _____

Tipp ....

das „chenlein"

Wörter mit der Endung *-chen* und *-lein* haben immer den Artikel *das* (neutral).

***das* Päck*chen*, *das* Mäd*chen*, *das* Brief*lein* (= kleiner Brief)**

....

G2 Am Schalter

Ergänzen Sie. Achten Sie bei Verben auf die korrekte Form.

abholen • Euro • Brief • abgeben • schicken • Paket • bekommen •
bekommen • Kilogramm • Ausweis • kriegen • kosten • anrufen • ausfüllen •
finden • ankommen • machen • Postleitzahl • Briefmarken • helfen • Gramm

1. ● Ich möchte ein Paket ab*holen* . ■ Da brauche ich einen A_____ . ● Hier, bitte.

2. ▶ Das Paket können Sie hier ab_____ . ● Danke.

3. ● Kann ich das als Päckchen sch_____? ■ Nein, das sind mehr als zwei

   K_____ . Das geht nur als P_____ .

4. ▶ Kann ich bei Ihnen Briefmarken be_____? ■ Nein, leider nicht, aber die

   k_____ Sie am Schalter nebenan.

5. ▶ Guten Tag. Ich hätte gerne fünf B_____ zu 70 Cent und zwei zu 1 Euro 45.

   ● Das m_____ 6 Euro 40. Bitte schön.

6. ■ Für Päckchen in die USA müssen Sie dieses Formular aus_____ . ● In Ordnung.

7. ● Ich habe ein Paket nicht be_____ . ■ Da kann ich Ihnen leider nicht h_____ .

   Da müssen Sie bei dieser Telefonnummer an_____ .

8. ■ Hier fehlt die P_____ . ● Die weiß ich leider nicht. ■ Die Postleitzahlen

   f_____ Sie in dem dicken gelben Buch da drüben. ● Danke.

9. ● Was k_____ dieser B____ in die USA? ■ Der wiegt 20 G_____ .

   Das macht 1 Eu__ 70.

10. ■ Wie lange dauert es, bis der Brief an_____? ● Normalerweise einen Tag.

G3 E-Mail, Brief, SMS und Formular

Was passt nicht?

Man kann ...

1. ... eine (CH: ein) E-Mail: bekommen – ~~ausfüllen~~ – schreiben – schicken
2. ... einen Brief: schreiben – abgeben – buchstabieren – schicken
3. ... eine SMS: bekommen – ankreuzen – schicken – schreiben
4. ... ein Formular: abgeben – ausfüllen – kosten – unterschreiben

Tipp

Zu Nomen passen bestimmte Verben: *eine E-Mail bekommen, eine E-Mail schreiben ...*
Lernen Sie Nomen mit passenden Verbindungen.
Lernen Sie mit Karteikarten? Dann können Sie solche Verbindungen auch auf Ihren
Karteikarten notieren.

G4 Auf dem Amt

Bilden Sie Sätze.

1. Kann / Ihnen / helfen / ich

   Kann ich Ihnen helfen?

2. müssen / eine Nummer / Sie / zuerst / ziehen

   _____

3. Sie / ausfüllen / dieses Formular / müssen

   _____

4. Sie / einen Moment / warten / Bitte

   _____

5. abgeben / das Formular / können / hier / Sie

   _____

G5 Geld

Ergänzen Sie. Achten Sie bei Verben auf die korrekte Form.

Bank • BIC • wechseln • Konto • IBAN • ~~Geld~~ • Geldautomat •
überweisen • Überweisung • Kreditkarte

1. Ich muss noch G_eld_ holen. Weißt du, wo hier ein G_____ ist?

2. Guten Tag, ich möchte 250 Euro auf mein K_____ einzahlen.

3. Kannst du die Rechnung heute noch ü_____?

4. Können Sie mir bitte den 100-Euro-Schein (CH: die 100-Euro-Note) w_____?

5. Gibst du mir deine I_____ und die B_____?

   Dann überweise ich dir das Geld.

6. Kann ich mit K_____ bezahlen?

7. Mach doch die Ü_____ am Automaten bei deiner B_____. Dort kostet

   es nichts.

G6 Telefon, Fax und Handy

Ergänzen Sie. Achten Sie bei Verben auf die korrekte Form.

Unterschrift • Fax • Telefonnummer • ausmachen • ~~anrufen~~ • besetzt •
E-Mail • schicken • telefonieren • Ausland • Brief • sprechen

1. Ich wollte dich _anrufen_ , aber es war den ganzen Abend _____.

2. Warte, ich muss noch mein Handy _____.

3. Mein Handy geht nicht. Kann ich mal kurz mit deinem _____?

4. ● Sie können die Anmeldung als Fax _____. ▪ Ich habe leider kein

   _____. Kann ich Ihnen auch eine (CH: ein) _____ schicken?

   ● Nein, leider nicht. Ich brauche Ihre _____. ▪ Dann schicke ich sie als

   _____. ● Gut.

5. ● Die _____ stimmt nicht. ▪ Doch, die stimmt. Du darfst nur nicht

   die 0 wählen, wenn du aus dem _____ anrufst.

6. ● _____ ich mit Herrn Böttjer? ▪ Nein, tut mir leid.

   Da haben Sie sich verwählt.

E-Mail-Adresse • Internet • geben • Auskunft • Computer • verstehen •
Anruf • ankommen

7. Ich _____ dich schlecht, kannst du lauter sprechen?

8. Du, ich muss Schluss machen. Ich warte auf einen wichtigen _____.

9. ● Weißt du die Nummer von der _____? ▪ Ja, 11833.

10. ▪ Kannst du mir deine Handynummer _____?

    ● Du, die habe ich nicht im Kopf.

11. Deine (CH: Dein) E-Mail ist nicht _____. Wir haben eine neue

    _____.

12. Ich kann dir keine (CH: kein) E-Mail schicken. Mein _____ ist kaputt.

    Ich komme nicht ins _____.

G7 Polizei und Verkehr

Welche Situation passt zum Bild?

a) ● Polizeikontrolle. Kann ich bitte Ihre Papiere sehen?
   ■ Ja, hier ist mein Führerschein (CH: Führerausweis).
   ● Kann ich bitte auch Ihren Ausweis sehen?   ■ Ja, Moment. Hier bitte, mein Pass.

b) ● Sie sind schuld!   ■ Ich glaube, wir rufen besser die Polizei (A: Gendarmerie).

c) ● Mist! Mein Fahrrad ist weg.
   ■ Komm, wir gehen zur Polizei und machen eine Anzeige.

d) ● Sie parken im Parkverbot (CH auch: parkieren bzw. Parkierverbot).
   ■ Ich habe nur ganz kurz gehalten.

e) ● Soll ich volltanken?
   ■ Nein, nimm nur zwanzig Liter. In Österreich ist das Benzin billiger.

f) Oh je! Der Reifen ist kaputt.

1.	2.	3.	4.	5.	6.
c)					

Tipp ....

Verben im Wörterbuch

Im Wörterbuch stehen Verben nur im Infinitiv. Sie finden nicht *kann*, aber *können*.
Sie finden nicht *sind*, aber *sein*.
Sie suchen das Verb *kann* im Wörterbuch. Was machen Sie? Sie ergänzen die Infini-
tivendung *-en*: kann + **-en**. *kannen* gibt es auch nicht im Wörterbuch. Probieren Sie
andere Vokale: *i, o, ä, ö* ... Das hilft oft: *können* gibt es im Wörterbuch.

....

H Schule, Arbeit und Beruf

H1 Rund um die Schule

Ordnen Sie zu und ergänzen Sie den Artikel.

~~Lehrerin~~ • Buch • Papier • Tafel • Schüler • Bleistift • Computer •
Kugelschreiber • Heft

der • der • der • der • ~~die~~ • die • das • das • das

1. *die Lehrerin*

2. _____

3. _____

4. _____

5. _____

6. _____

7. _____

8. _____

9. _____

H2 Rechnen, lesen, schreiben

Was passt zusammen? Manchmal passen mehrere Möglichkeiten.

schreiben • rechnen • lesen • singen • machen • lernen

1. eine Pause *machen*
2. ein Buch _____
3. ein Lied _____
4. eine Rechenaufgabe _____
5. einen Text _____
6. eine Sprache _____

H3 Im Klassenzimmer

Ergänzen Sie. Achten Sie bei Verben auf die korrekte Form.

leicht • schlechten • üben • Texte (Pl) • Test • Wort • Klasse • fehlen •
Grammatik • wiederholen • Pause • erklären • ~~Hausaufgaben (Pl)~~ • schwer

Lehrerin: Peter, wo sind deine (1.) H_ausaufgaben_?

Peter: Ich habe die Aufgaben nicht gemacht. Sie waren zu (2.) s_____.

   Können Sie mir die Aufgabe noch einmal (3.) e_____?

Lehrerin: Komm in der (4.) P_____ zu mir.

   Dann (5.) w_____ wir die (6.) G_____.

   Wo ist Paul heute?

Lena: Paul (7.) f_____. Er ist krank.

Lehrerin: In der (8.) K_____ ist es zu laut. Bitte seid leiser. Man versteht kein

   (9.) W_____.

   Morgen schreiben wir einen (10.) T_____ in Deutsch. Bitte wiederholt

   die (11.) T_____ auf Seite 20 und 22.

Lisa: Können wir heute die Grammatik noch einmal (12.) ü_____?

   Ich habe Angst vor einer (13.) s_____ Note.

Lehrerin: Keine Angst! Die Fragen sind (14.) l_____.

H4 Nomen und Verb

Wie heißt das Verb?

1. die Frage   _fragen_
2. die Antwort   _____
3. der Unterricht   _____
4. die Sprache   _____

5. die Übung   _____
6. die Arbeit   _____
7. der Test   _____
8. die Prüfung   _____

H5 Silbenrätsel – Schulfächer in Deutschland

Wie heißen die Wörter?

> LO • MA̶ • SCHICH • T̶H̶E̶ • SIK • PHY • MA̶ • DE • T̶I̶K̶ • ENG • ERD •
> GIE • LISCH • KUN • BIO • GE • TE

1. Die Schüler rechnen viele Aufgaben: *Mathematik*

2. Man lernt die Sprache von England und Nordamerika: _____

3. Die Kinder bekommen Informationen über Länder und Städte: _____

4. Man erklärt die Gesetze der Natur: _____

5. Man spricht über Menschen, Tiere und Pflanzen: _____

6. Man lernt etwas über die Vergangenheit: _____

H6 Der Deutschkurs

Ergänzen Sie.

> bestanden • Prüfung • falsch • S̶p̶r̶a̶c̶h̶e̶ • schreiben • Grammatik •
> Aufgaben (Pl) • richtig

Im Deutschkurs lernen die Schüler die deutsche (1.) *Sprache*. Sie lernen

lesen, sprechen, (2.) _____ und die (3.) _____. Am Ende gibt es eine

(4.) _____. Die Schüler müssen 60 (5.) _____ lösen. Wer nicht mehr

als 20 Aufgaben (6.) _____ und mindestens 40 Aufgaben (7.) _____

hat, hat den Test (8.) _____. Viel Glück!

H7 Berufe

Ordnen Sie zu.

die Ärztin • der Verkäufer • die Hausfrau • ~~der Lehrer~~ • der Friseur • der Polizist •
der Bäcker • der Kellner • die Köchin

1. *der Lehrer*

2. _____

3. _____

4. _____

5. _____

6. _____

7. _____

8. _____

9. _____

H8 Berufe für Männer und Frauen

Ergänzen Sie.

1. der Polizist   *die Polizistin*
2. der Friseur   _____
3. der Lehrer   _____
4. _____ die Ärztin

5. der Verkäufer   _____
6. der Kellner   _____
7. _____ die Köchin
8. der Bäcker   _____

> **Tipp** ....
>
> Bei Berufen: Die weibliche Form ist oft die männliche Form + -**in**:
> **der** Maler – die Maler**in**, der Bäcker – die Bäcker**in**.
> **Aber:** *die Hausfrau – der Hausmann, der Kaufmann – die Kauffrau,*
> *der Angestellte – die Angestellte.*

H9 Was arbeitest du?

Bilden Sie Sätze.

1. Ich bin Lehrerin.   *Ich arbeite als Lehrerin.*
2. Ich bin Verkäufer.   _____
3. Ich bin Taxifahrer.   _____
4. Ich bin Polizistin.   _____
5. Ich bin Friseur.   _____

H10 Taxifahrer Peter Maurer

Ergänzen Sie.

Büro • Urlaub • Wochenende • Chef • Kollegen (Pl) • Firma • Job •
verdienen • werden • Arbeitstage (Pl) • ~~studieren~~

Ich heiße Peter Maurer. Ich möchte gerne an der Univer-

sität Medizin (1.) _studieren_ und Arzt (2.) _____.

Doch zuerst muss ich Geld für mein Studium

(3.) _____. Ich habe einen (4.) _____

als Taxifahrer bei der

(5.) _____

Gassmann. Meine (6.) _____ und mein

(7.) _____ sind sehr nett. Ich habe fünf

(8.) _____ in der Woche. Am (9.) _____ habe ich frei.

Das nächste Wochenende werde ich mit Petra

tanzen gehen. Sie arbeitet in unserer Firma

im (10.) _____. In drei Wochen habe

ich endlich (11.) _____.

Dann fahre ich

ans Meer!

H11 Erklärungen zur Arbeit

Wie heißen die Wörter?

kurz • Feierabend • gut • leicht • ~~selbstständig~~ • arbeitslos

1. Ich bin nicht angestellt. Ich bin _selbstständig_ .

2. Ich habe keine Arbeitsstelle. Ich bin _____.

3. Der Job ist nicht schwer. Er ist _____.

4. Ich verdiene nicht schlecht. Ich verdiene _____.

5. Ich arbeite noch zwei Stunden. Ich habe noch nicht _____.

6. Mein Arbeitstag ist nicht lang. Er ist _____.

H12 Computer und Internet

Ordnen Sie die Wörter in Klammern und ergänzen Sie.

1. ● Gibst du mir deine (seAdres-E-ailM) _E-Mail-Adresse_ ?

   Ich möchte dir eine (ialM-E) _____ schicken.

   ■ Tut mir leid. Ich habe ein (blemPro) _____ mit

   dem (ternetIn) _____.

2. Ich konnte das (kumentDo) _____ nicht öffnen.

3. Kannst du den (puComter) _____ einschalten?

4. Kannst du mir die (teiDa) _____ kopieren? Ich muss

   den (xtTe) _____ heute ausdrucken.

5. ● Kann ich Ihnen ein (xaF) _____ schicken?

   ■ Tut mir leid, ich habe kein Faxgerät.

I Verben

I1 ... und wer bist du?

Welches Verb passt? Ergänzen Sie in der richtigen Form des Präsens.

> kommen • heißen • ~~sein~~ • sein • sein • arbeiten • sein • spielen •
> kommen • kommen • heißen • wohnen • spielen • heißen

■ Hallo, wer (1.) _bist_ du denn?

● Ich (2.) _____ Fernando und

(3.) _____ jetzt auch hier in

der Straße. Und ihr?

Wie (4.) _____ ihr?

■ Ich (5.) _____ Hans, und

das (6.) _____ Karin.

▶ Und mein Name (7.) _____ Marcel!

● Entschuldigung – wie (8.) _____ du?

▶ Marcel! Woher (9.) _____ du, Fernando?

● Meine Familie und ich, wir (10.) _____ aus Spanien. Mein Papa (11.) _____

jetzt in München.

■ (12.) _____ du gern Fußball, Fernando?

● Klar!

▶ Super! (13.) _____ wir heute Nachmittag?

● Gern, ich (14.) _____ um drei Uhr zum Spielplatz!

■ Gut, bis später!

▶ Tschüs, mach's gut!

... und wie ist, bitte, Ihr Name?

Was passt hier? Ergänzen Sie die Verben in der richtigen Form des Präsens.

sein • sein • sein • ~~finden~~ • arbeiten • freuen • beginnen

■ Entschuldigung, (1.) _finde_ ich hier Herrn Sorger?

● Ja, ich (2.) _____ Herr Sorger.

■ Mein Name (3.) _____ Frau Menken, ich (4.) _____ hier nächste Woche

meine Arbeit als Assistentin.

● Ach, natürlich! Freut mich, Frau Menken! Das hier (5.) _____ mein Kollege,

Herr Weidlich. Sie (6.) _____ nächste Woche auch viel zusammen.

▶ Guten Tag, Frau Menken. Nett, Sie kennenzulernen!

■ Guten Tag, Herr Weidlich. Ich (7.) _____ mich auch!

Tipp ....

Bei Verben mit *s, ß, z* am Ende des Stammes fällt das *s* der Endung in der 2. Person
Singular weg: *du heißt (nicht: ~~heißst~~)*
Verben mit *t* oder *d* am Ende des Stammes haben ein extra *e* bei einigen Formen:
du arbeitest, er arbeitet, ihr arbeitet

....

I

13 **Eine schwierige Ehe …**

Ergänzen Sie das Verb in der richtigen Form des Präsens.

1. Ich _fahre_ sehr gern Motorrad, aber mein Mann _____ leider nie

   mit mir (fahren).

2. Ich _____ so gern Steak, aber mein Mann _____ nur Gemüse (essen).

3. Am Wochenende _____ ich bis um 11 Uhr, aber mein Mann _____

   nicht gern lang (schlafen).

4. Ich _____ gern Liebesfilme, aber mein Mann _____ nur Fußball und

   Nachrichten (sehen).

5. Manchmal _____ ich meinen Hund (waschen), aber mein Mann _____

   mir nicht (helfen). Er _____ lieber stundenlang sein Auto (waschen).

6. Ich _____ nicht so gern, aber mein Mann _____ jedes Jahr einen Marathon

   (laufen).

7. Ich _____ nicht gern Medikamente, aber mein Mann _____ jede Nacht

   eine Schlaftablette (nehmen).

8. Ich _____ gern Romane, aber mein Mann _____ nur Zeitungen und

   Sachbücher (lesen).

9. Beim Frühstück _____ mein Mann sehr viel, aber ich _____ am Morgen

   sehr wenig (sprechen).

10. Am Abend _____ ich gern Freunde, aber mein Mann _____ seine Freunde

    nur am Samstagabend (treffen).

… aber ich liebe meinen Mann trotzdem!

Ein Tag im Leben von Frau Fleißig

Ergänzen Sie die passenden Verben.

> aufräumen • vorbereiten • vorbereiten • ausmachen • abräumen •
> einkaufen • schreiben • einschlafen • fahren • anfangen • helfen • kochen •
> ~~aufwecken~~ • abholen • anrufen • aufhören • bringen • decken • liegen •
> fernsehen • aufhängen

1. Um 6 Uhr 30 _weckt_ sie die Kinder _auf_.

2. Dann _____ sie das Frühstück ____.

3. Nach dem Frühstück _____ sie den Tisch ____ und macht die Küche.

4. Dann _____ sie ihre Tochter in den Kindergarten und ihren Sohn in die Schule.

5. Um 8 Uhr 30 _____ sie mit ihrer Arbeit im Büro ____.

6. Sie _____ eine Präsentation ____ , _____ Briefe und _____ ihre Kunden

   ____.

7. Um 13 Uhr _____ sie nach Hause und _____ ihre Tochter vom Kindergarten

   und ihren Sohn von einer Freundin ____.

8. Sie _____ den beiden ein Mittagessen.

9. Nach dem Mittagessen _____ sie ihrem Sohn bei den Hausaufgaben.

10. Am Nachmittag _____ sie die Wohnung ____.

11. Danach _____ sie im Supermarkt ____.

12. Ihre Kinder _____ im Wohnzimmer ____ und sie sagt zu ihnen:

    „Aber nach diesem Film _____ ihr den Fernseher ____!"

13. Sie _____ den Tisch fürs Abendessen.

14. Nach dem Abendessen _____ sie die Wäsche zum Trocknen ____.

15. Dabei denkt sie: „_____ dieser Tag denn nie ____?"

16. Doch nach zwei Stunden am Schreibtisch _____ sie um 23 Uhr endlich im Bett und _____ ____.

I5 Mach doch mal!

Verbinden Sie die Sätze mit dem passenden Imperativ.

1. Ich habe genug Kaugummis.
   Bitte, _nimm_ dir doch einen!

2. Die Straße hat viele Kurven, _____
   nicht so schnell!

3. Ich bin gleich fertig, Peter. _____
   bitte einen Moment!

4. Ich habe ein bisschen Hunger, _____
   mir doch bitte eine Banane!

5. _____ weg, das ist mein Platz!

6. _____ doch nicht so unfreundlich!

7. _____ keine Angst!
   Der Hund ist nicht gefährlich.

8. _____ doch etwas lauter!
   Ich verstehe dich nicht.

9. _____ , wir gehen ins Kino!

10. _____ nicht so viel! Du wirst zu dick.

11. _____ mir bitte eure Blätter.
    Der Test ist zu Ende.

12. _____ Sie bitte mit mir, da vorne ist
    noch ein Platz frei!

13. _____ Sie bitte leise, in der Bibliothek
    dürfen Sie keinen Lärm machen.

14. _____ nicht nervös, der Test ist nicht
    schwer. Ihr könnt das!

15. Der Bahnhof? _____ Sie bis zur Ampel
    und dann rechts!

a) gib

b) geh

c) fahr

d) hab

e) komm

f) iss

g) nimm

h) gebt

i) seien

j) warte

k) sei

l) sprich

m) seid

n) gehen

o) kommen

1.	2.	3.	4.	5.	6.	7.	8.	9.	10.	11.	12.	13.	14.	15.
g)														

Tipp ....

Imperativ für 2. Person Singular: ~~du nimmst~~
~~du fährst~~
Imperativ für 2. Person Plural: ~~ihr gebt~~

16 Ein Ausflug nach Neuschwanstein

Ergänzen Sie die Verben in Klammern in der Vergangenheit.
Vorsicht: Für *sein* und *haben* gebraucht man meist das Präteritum!

1. Meine Klasse _hat_ letztes Wochenende einen Ausflug zum Schloss Neuschwanstein

   gemacht (machen).

2. Wir _____ circa eine Stunde mit dem Bus _____ (fahren).

3. An der Kasse _____ wir eine halbe Stunde _____ (warten).

4. Dann _____ wir viele Zimmer _____ (anschauen).

5. Wir _____ über Ludwig II. _____ (diskutieren) – _____ (sein)

   er verrückt oder nicht?

6. Ich _____ ein paar Souvenirs _____ (kaufen), sie _____ (sein)

   so schön!

7. Ich _____ auch _____ (fotografieren), aber unser Lehrer _____

   _____ (sagen), das darf man nicht.

8. Dann _____ wir Pause _____ (machen), in einem Café.

9. Dort _____ ich eine heiße Schokolade _____ (bestellen).

10. Die Schokolade _____ (sein) gut, aber der Kuchen _____ nicht so gut

    _____ (schmecken).

11. Um 7 Uhr abends _____ wir wieder nach Hause _____ (kommen).

12. Ich _____ (sein) sehr müde und _____ gleich ins Bett _____ (gehen).

13. Aber wir _____ (haben) einen schönen Tag!

17 Der perfekte Sohn

Antworten Sie auf die Aufforderungen.

1. ■ Du musst dein Zimmer
   aufräumen!

   ● *Ich habe mein Zimmer schon*
   aufgeräumt!

2. ■ Mach doch endlich deine
   Hausaufgaben!

   ● _____
   _____

3. ■ Kaufst du bitte Brot für
   das Abendessen?

   ● _____
   _____

4. ■ Gibst du bitte den Blumen
   in deinem Zimmer Wasser?

   ● _____
   _____

5. ■ Hilfst du Sarah bei den
   Hausaufgaben?

   ● _____
   _____

6. ■ Du musst noch Klavier
   üben!

   ● _____
   _____

7. ■ Rufst du heute Abend
   Opa an?

   ● _____
   _____

8. ■ Gehst du heute ins Fitness-
   Studio?

   ● _____
   _____

9. ■ Holst du ein paar Flaschen
   Apfelsaft aus dem Keller?

   ● _____
   _____

10. ■ Bringst du das Buch in
    die Stadtbibliothek zurück?

    ● _____
    _____

11. ■ Nimm deinen
    Hustensaft!

    ● _____
    _____

12. ■ Bereitest du heute deine
    Präsentation für Geschichte
    vor?

    ● _____
    _____

18 Veränderungen

Ergänzen Sie *sein* und *haben* im Präteritum.

1. Früher _war_ ich schlank.   Jetzt bin ich dick.
2. Früher _____ ich keine Kinder.   Jetzt habe ich fünf Kinder.
3. Früher _____ wir reich.   Jetzt sind wir arm.
4. Früher _____ du viel Zeit.   Jetzt hast du keine Zeit mehr.
5. Früher _____ es oft langweilig.   Jetzt ist es nie mehr langweilig.
6. Früher _____ meine Eltern viel auf Reisen.   Jetzt sind sie immer zu Hause.
7. Früher _____ unser Sohn lange Haare.   Jetzt hat er kurze Haare.
8. Früher _____ wir eine kleine Wohnung.   Jetzt haben wir ein großes Haus.
9. Früher _____ ich oft auf Partys.   Jetzt bin ich abends sehr müde.
10. Früher _____ ich glücklich.   ... und jetzt bin ich auch glücklich!

19 Das will ich können!

Ergänzen Sie die Verben in den Klammern in der richtigen Präsens-Form.

1. Jutta _kann_ (können) gut Klavier spielen, aber sie _____ (müssen) jeden Tag üben.

2. Hans und ich _____ (wollen) Freitagabend zum Tanzen gehen. Das wird lustig,

   denn wir _____ (können) nicht gut tanzen!

3. Ich _____ (wollen) unbedingt fliegen lernen. Das ist aber teuer, deshalb

   _____ (müssen) ich zuerst viel Geld verdienen ...

4. ● _____ (können) du Schach spielen?

   ■ Ja, aber nicht so gut. Ich _____ (dürfen) wahrscheinlich nicht so schnell

      spielen, ich _____ (müssen) länger nachdenken.

5. Max _____ (wollen) im Winter einen Salsa-Kurs machen. Jetzt _____

   (müssen) er aber noch eine Tanzpartnerin finden. Das ist schwierig, denn er ist

   ziemlich klein und er _____ (wollen) nicht, dass das Mädchen größer ist als er!

6. ● _____ (wollen) ihr mit mir Fußball spielen?

   ■ Gern, aber wir _____ (können) erst in einer Stunde kommen. Wir _____

      (müssen) noch die Hausaufgaben fertig machen.

> **Tipp** ....
>
> Alle Modalverben haben in der 1. und 3. Person Singular dieselbe Form
> (*ich **kann**, er **kann***) und enden **nicht** auf -*t*!

I10 Wünsche und Vorlieben

Ergänzen Sie *mögen* oder *möchten* in der richtigen Form.

1. ● _Möchtest_ du ein Glas Whisky?
   ■ Vielen Dank, aber ich _____ keinen Whisky. Ich finde, er schmeckt schrecklich!

2. ● Wie findest du Mareike?
   ■ Sehr nett, ich _____ sie gern.

3. ● Jetzt _____ ich am Meer in der Sonne liegen ... Und du?
   ■ Ich _____ die Berge lieber. Wandern und die schöne Aussicht haben –
   da _____ ich jetzt sein!

4. ● _____ du lieber das Leben in der Stadt oder auf dem Land?
   ■ Ich _____ das Stadtleben, aber im Sommer _____ ich oft in
   der Natur sein. Da ist es auf dem Land schöner.

5. Ralf hat nur noch schlechte Noten in Mathematik. Er lernt nicht, denn er _____
   seinen neuen Mathelehrer überhaupt nicht.

6. ● _____ ihr vor dem Essen einen Aperitif trinken?
   ■ Gerne! Ich _____ bitte einen Campari Orange.
   ▶ Für mich auch, bitte!

I11 Das geht wirklich höflicher!

Formulieren Sie den Satz als eine höfliche Frage.

1. Machen Sie das Fenster zu! _Würden Sie bitte das Fenster zumachen?_
2. Hol eine Flasche Saft! _____
3. Gib mir die Butter! _____
4. Bringen Sie mir einen Kaffee! _____
5. Rauchen Sie hier nicht! _____
6. Schreibt das auf! _____
7. Geh zum Einkaufen! _____
8. Komm mal her! _____
9. Sprich leise! _____
10. Sei still! _____

J Nomen und Artikel

J1 Einkauf für eine Großfamilie

Ergänzen Sie auf dem Einkaufszettel die Wörter in der richtigen Pluralform.

die Nudel • das Ei • die Tomate • die Packung Kaffee • die Dose Bohnen •
der Apfel • der Fisch • der Salat • der Becher Joghurt • das Brötchen •
die Kiwi • die Traube • die Flasche Wein

1. 5 Kilo Äpf_el_
2. 1 Kilo Tr____ben
3. 2 Kilo Tom____
4. 5 S__la____
5. 8 Fis____
6. 15 B_____ Joghurt
7. 30 Ei____

8. 4 Dos____ Bohnen
9. 3 Kilo Nu____
10. 20 Bröt____
11. 6 F___sch___ Wein
12. 2 Pack____ Kaffee
13. 8 Ki____

Tipp ....

Lernen Sie die Nomen immer zusammen mit Artikel und Pluralform (*die Frau, -en; das Kind, -er …*)!

J2 Wir haben Zwillinge!

Ergänzen Sie jeweils die Pluralform.

Letzte Woche hat meine Frau zwei Mädchen bekommen!

Jetzt brauchen wir ...

1. ... nicht nur einen Kinderwagen, sondern zwei *Kinderwagen* .

2. ... nicht nur eine Milchflasche, sondern zwei _____.

3. ... nicht nur ein Bett, sondern zwei _____.

4. ... nicht nur einen Autositz, sondern zwei _____.

5. ... nicht nur einen Kinderlöffel, sondern zwei _____.

6. ... nicht nur einen Kindergartenplatz, sondern zwei _____.

7. ... nicht nur einen Teddy, sondern zwei _____.

Später brauchen wir ...

8. ... nicht nur ein Fahrrad, sondern zwei _____.

9. ... nicht nur eine Sonnenbrille, sondern zwei _____.

10. ... nicht nur ein Kinderzimmer, sondern zwei _____.

11. ... nicht nur ein Radio, sondern zwei _____.

12. ... nicht nur einen Computer, sondern zwei _____.

13. ... nicht nur einen Schreibtisch, sondern zwei _____.

14. ... nicht nur eine Schultasche, sondern zwei _____.

Und hoffentlich finden sie einmal ...

15. ... nicht nur einen Mann, sondern zwei _____ – für jede einen!

J3 Nur ein Traum ...

Passt hier der bestimmte oder der unbestimmte Artikel?
Markieren Sie den richtigen Artikel.

Mein Traumhaus liegt an (1.) einem / dem See. Ich schwimme jeden Morgen in

(2.) einem / dem See. (3.) Das / Ein Haus ist nicht zu groß, aber es hat

(4.) einen / den sehr großen Garten. In (5.) dem / einem Garten sind (6.) – / die Blumen,

(7.) – / die Bäume und (8.) ein / der Gemüsegarten. (9.) Der / Ein Gemüsegarten hat

(10.) – / die Tomaten, (11.) die / – Zucchini, (12.) die / – Gurken, und (13.) – / die Kräuter.

In (14.) einem / dem Garten soll auch genug Platz sein für (15.) die / – Tiere. Ich möchte

(16.) die / – Hunde, (17.) – / die Hühner und (18.) das / ein Pferd.

In (19.) einem / dem Haus gibt es (20.) ein / das Schlafzimmer, zwei Bäder,

(21.) eine / die Toilette, (22.) eine / die Küche und (23.) das / ein Wohnzimmer.

(24.) Das / Ein Schlafzimmer hat (25.) den / einen breiten Balkon. Im Wohnzimmer

möchte ich sehr gerne (26.) den / einen Kamin.

Und natürlich möchte ich (27.) ein / das Segelboot!

J4 Was zu wem gehört

Ergänzen Sie die Possessivartikel in der richtigen Form.

1. Ich spreche über mich:

Mein Name ist Marlies. Ich habe zwei Geschwis-

ter: _____ Bruder heißt Peter und _____

Schwester heißt Gabi. Ich wohne mit _____

Eltern und _____ Geschwistern in München.

Ach ja, und mit _____ Katze Beatrice!

2. Ich spreche mit dir:

Wie ist _____ Name? Claudio?

Wo lebst du und _____ Familie?

Ist das _____ Hund?

Der ist aber nett!

3. Ich erzähle dir von Hannes:

Der Junge auf dem Foto ist Hannes.

Er lebt in Hamburg. _____ Eltern sind

geschieden und er wohnt bei _____ Vater.

Hier siehst du Hannes und _____ Freund John.

Die beiden besuchen gerade _____ Mutter

in Köln.

4. Ich erzähle dir von Nathalie:

Hier auf dem Foto siehst du Nathalie. Da stehen sie

und _____ Cousine Lea vor _____ Haus in

Dresden. Und hier besuchen die beiden _____

Großeltern auf dem Land.

Dort steht auch _____

Pferd. Das gehört Nathalie

ganz allein!

5. Mein Bruder und ich sprechen über uns:

Wir wohnen im Süden von München.

_____ Haus ist nicht groß, aber sehr hübsch.

Besonders lieben wir _____ Garten, er ist ganz

wild. _____ liebstes Spiel ist Indianer und Cow-

boy. Auf dem Foto ist auch _____ Freundin Klara.

6. Ich spreche mit euch:

Hallo Petra, hallo Beate! Wie geht's?

Gerade habe ich auch _____ Eltern getroffen!

Ihr fahrt in den Ferien in _____ Haus am See,

nicht wahr? Super! Nehmt ihr _____ Fahr-

räder auch mit? Was macht ihr in der Zeit mit

_____ Hund? Ihr könnt ihn ja zu mir bringen.

7. Ich spreche mit Herrn Sommer: Guten Tag, Herr Sommer! Soll ich Ihnen helfen?

Ich kann gerne _____ Einkaufskorb tragen.

Geben Sie mir doch _____ Schlüssel, dann öffne

ich _____ Haustür.

8. Ich spreche über meine Großeltern:

Meine Großeltern heißen Gisela und Günter.

_____ Haus ist auf dem Land. Dort wohnen sie

schon 30 Jahre mit _____ Tieren. _____

Garten ist sehr groß und macht viel Arbeit. Aber er ist

auch _____ ganze Freude.

J5 Falsch gedacht!

Setzen Sie die Sätze in die verneinte Form.

Am Freitag erzählt Robert
seinem Freund:

Am Montag trifft er seinen Freund wieder.
Alles war ganz anders:

1. Morgen gehe ich zum Fischen.

   Ich bin _nicht zum Fischen_ gegangen.

2. Sicher fange ich einen großen
   Fisch.

   Ich habe _____
   gefangen.

3. Bestimmt ist das Wetter gut.

   Das Wetter war _____.

4. Dann mache ich eine
   Fahrradtour.

   Ich habe _____
   gemacht.

5. Am Abend treffe ich meine
   Freunde.

   Ich habe _____
   getroffen.

6. Vielleicht sehen wir einen Film
   zusammen.

   Wir haben _____ zusammen
   gesehen.

7. Oder wir gehen in die Diskothek.

   Wir sind _____
   gegangen.

8. Vielleicht lerne ich dort ein Mädchen
   kennen.

   Ich habe _____
   kennengelernt.

9. Am Sonntag schlafe ich lange.

   Ich habe _____ geschlafen.

10. Ich ruhe mich so richtig aus.

    Ich habe mich _____
    ausgeruht.

11. Ich esse einen großen
    Sonntagsbraten.

    Ich habe _____
    gegessen.

12. Dann lade ich meine Nachbarn
    zu Kaffee und Kuchen ein.

    Ich habe _____
    zu Kaffee und Kuchen eingeladen.

... Ich war das ganze Wochenende krank und habe im Bett gelegen!

K Adjektive

K1 Wie ist ...?

Kombinieren Sie das Bild und das passende Adjektiv und bilden Sie einen Satz.

neu • klein • leicht • teuer • groß • verheiratet • schwer • breit • krank • nett

1. Die Frau *ist verheiratet.*   2. Der Mann _____

3. Der Pullover _____   4. Das Bett _____

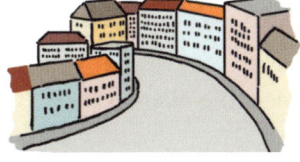

5. Das Mädchen _____   6. Die Straße _____

7. Das Fahrrad _____   8. Die Äpfel _____

9. Der Koffer _____   10. Die Übung _____

K2 **Rap gefällt mir besser!**

Ergänzen Sie die passenden Steigerungsformen von *gut, viel* und *gern*.

am liebsten • am besten • besser • ~~lieber~~ • mehr • am meisten • besser •
mehr • am besten • lieber • lieber

1. ● Trinkst du gern Kaffee?

   ■ Ja, im Sommer trinke ich gern Kaffee, aber im Winter trinke ich *lieber* Tee.

2. ● Gefällt dir Punkrock?

   ■ Nicht so gut, Rap gefällt mir _____.

3. ● Ich mag unseren Mathelehrer _____ als unsere Deutschlehrerin.

   ■ Das denkst du nur. Du kannst einfach Mathe _____ als Deutsch!

4. Theaterkarten kosten _____ als Kinokarten, aber _____ kosten

   die Karten für die Oper.

5. ● Welcher Harry-Potter-Film hat dir bis jetzt _____ gefallen?

   ■ Der letzte. Der war wirklich super spannend!

6. ● Gehen wir heute Abend in einen Club?

   ■ Bleiben wir doch _____ zu Hause. Das kostet nichts und ist gemütlicher!

7. ● Was ist dein Lieblingshobby?

   ■ _____ spiele ich Tennis. Und du?

8. ● Mmh, deine Frau backt wirklich fantastische Kuchen!

   ■ Ja, nicht schlecht. Aber nicht so gut wie meine Kuchen. Und die von meiner Mutter

   sind _____, die solltest du probieren!

9. ● Kannst du heute einkaufen gehen? Du hast heute _____ Zeit als ich!

   ■ Das denkst du! Ich muss heute so viel arbeiten!

L Pronomen

L1 Gästeliste

Welche Sätze passen zusammen? Kombinieren Sie.

1. Du bist mein Gast.
2. Ihr seid unsere Gäste.
3. Ich bin Giselas Gast.
4. Marco ist unser Gast.
5. Mein Herr, Sie sind mein Gast!
6. Ich bin Jürgens Gast.
7. Die Leute sind unsere Gäste.
8. Maria ist Annas Gast.
9. Die Journalisten sind die Gäste des Präsidenten.
10. Meine Freundin ist mein Gast.
11. John ist Peters Gast.

a) Sie lädt mich ein.
b) Ich lade Sie ein.
c) Er lädt mich ein.
d) Wir laden euch ein.
e) Er lädt sie ein.
f) Ich lade dich ein.
g) Ich lade sie ein.
h) Wir laden ihn ein.
i) Er lädt ihn ein.
j) Sie lädt sie ein·
k) Wir laden sie ein.

1.	2.	3.	4.	5.	6.	7.	8.	9.	10.	11.
f)										

Und nun ergänzen Sie bitte das passende Pronomen im Dativ.

12. Ich bekomme eine Einladung.   Das gefällt _mir_____.

13. Er bekommt eine Einladung.   Das gefällt _____.

14. Ihr bekommt eine Einladung.   Das gefällt _____.

15. Sie bekommen eine Einladung, Frau Müller!   Das gefällt _____.

16. Sie bekommt eine Einladung.   Das gefällt _____.

17. Du bekommst eine Einladung.   Das gefällt _____.

18. Wir bekommen eine Einladung.   Das gefällt _____.

L2 Meinen Sie die da?

Kombinieren Sie die Sätze. Achten Sie dabei auf das Demonstrativpronomen.

1. Ich hätte gern 200 Gramm Wurst, bitte.

2. Welcher Pullover gefällt Ihnen am besten?

3. Magst du bayerisches Spanferkel?

4. Kommen am Wochenend deine Eltern?

5. Ich möchte bitte das deutsch-englische Wörterbuch von Hans Weber.

6. Ist die Postkarte für John?

7. Kennst du den Film „Deep Blue"?

8. Bist du auch bei Dr. Korn?

9. Am Wochenende gehe ich in die Diskothek „Gardens". Kommst du mit?

10. Hallo, Luisa! Wo ist Emil?

a) Das habe ich noch nie probiert.

b) Dem habe ich schon eine geschrieben.

c) Die kenne ich nicht, aber – gut, ja!

d) Ich möchte bitte den da.

e) Nein, zu dem gehe ich nicht mehr. Ich finde, Dr. Hase ist besser.

f) Meinen Sie die da?

g) Der kommt ein bisschen später.

h) Nein, die kommen erst in zwei Wochen.

i) Ja, von dem habe ich schon gehört.

j) Das haben wir leider nicht mehr.

1.	2.	3.	4.	5.	6.	7.	8.	9.	10.
f)									

M Präpositionen

Tipp . . . .

zu + dem = zum	*von + dem = vom*	*in + dem = im*
an + dem = am	*bei + dem = beim*	*in + das = ins*

. . . .

M1 Alles eine Frage der Perspektive

Ergänzen Sie die Präpositionen zu, in, nach, bei, von und aus und den richtigen Artikel.

		wohin?	**wo?**	**woher?**
		Ich gehe …	*Ich bin …*	*Ich komme …*
1.	Arzt:	*zum Arzt.*	*beim Arzt.*	*vom Arzt.*
2.	Einkaufen:			
3.	Büro:			
4.	Bäckerei:			
5.	Anna:			
6.	Schwimmbad:			
7.	Berge:			
8.	zu Hause:			
9.	Friseur:			
10.	meine Eltern:			
11.	München:			
12.	Thomas:			
13.	Theater:			
14.	Oper:			
15.	Österreich:			

Tipp . . . .

Vorsicht:
Ich gehe heißt: Ich gehe zu Fuß!
Außer: *Ich gehe nach Österreich.* = Ich lebe die nächsten Jahre in Österreich.

. . . .

M

M2 Die richtige Richtung

Ergänzen Sie die passende Präposition mit Artikel.

> bis zum • über die • am • ~~zum~~ • nach • am • am • in die

● Entschuldigung, wie komme ich bitte (1.) _zum_ Bahnhof?

■ Also, das ist ganz einfach. Sie gehen immer geradeaus (2.) _____ _____

Karlsplatz. (3.) _____ Karlsplatz gehen Sie (4.) _____ links (5.) _____

_____ Schützenstraße. (6.) _____ Ende der Schützenstraße gehen Sie

(7.) _____ _____ Luitpoldstraße und schon sind Sie (8.) _____ Bahnhof.

● Vielen Dank! Das finde ich bestimmt. Auf Wiedersehen!

> auf der • auf der • bis zur • nach • am • bis zum • nach

● Können Sie mir bitte helfen? Ich suche eine Buchhandlung.

■ Ja, es gibt hier eine, aber Sie müssen etwa 10 Minuten gehen.

● Das macht nichts! Können Sie mir vielleicht den Weg beschreiben?

■ Gern. Sie gehen hier ungefähr 300 Meter geradeaus (9.) _____ _____ nächsten

Ampel. Dort gehen Sie (10.) _____ rechts (11.) _____ _____ Baldeplatz.

Hier bleiben Sie (12.) _____ _____ linken Seite und gehen (13.) _____ Kino

(14.) _____ links. Dann kommt (15.) _____ _____ rechten Seite eine Buch-

handlung.

● Vielen Dank! Ich hoffe, ich finde es!

M3 **Urlaubspläne**

Welche Präposition passt?

1. Mein Urlaub beginnt _am_ 10. August.
2. Zuerst fliege ich _____ drei Tage nach London.
3. Dort bin ich _____ 11. _____ 14. August.
4. Mein Flug geht _____ 13:00 Uhr.
5. Er dauert _____ 2 Stunden.
6. Ich lande _____ 15:00 Uhr in London.
7. _____ zweiten Woche möchte ich zu Hause bleiben.
8. _____ 2006 habe ich auch Urlaub zu Hause gemacht.

    Das war sehr schön.
9. _____ Ende gehe ich noch _____ drei Tage wandern.
10. Das ist _____ Sommer ein bisschen heiß, aber es macht

    trotzdem Spaß.
11. _____ nächsten Jahr möchte ich nach Indien reisen.
12. Das ist eine lange Reise. Der Flug dauert bestimmt

    _____ 12 Stunden.
13. Deshalb möchte ich _____ 4 Wochen Urlaub nehmen –

    hoffentlich erlaubt das mein Chef!

vom ... bis zum

um

am

in der

im

für / –

–

am

für / –

um

–

–

–

im

M4 Blumen für meine Frau

Ergänzen Sie die richtige Präposition.

gegen • mit • aus • für • ohne • seit • ~~für~~ • um • von • für • bei

1. ● Das sind aber schöne Blumen!

   ■ Ja, die waren auch teuer ... Sie sind _für_ meine Frau, sie hat heute Geburtstag.

2. ● Warum ist euer Auto denn hinten kaputt?

   ■ Tja – ich wollte einparken und bin rückwärts _____ einen Baum gefahren ...

   ● Oje!

3. ● Möchtest du auch eine Tasse Kaffee?

   ■ Gern! Aber bitte _____ Zucker und Milch.

   ● Brrr – das schmeckt doch schrecklich bitter! Ich mag den Kaffee nur _____ Milch

   und Zucker.

   ■ Nein, ich trinke meinen Kaffee immer schwarz.

4. ● Ich mache am Samstag eine Fahrradtour. Kommst du mit?

   ■ Vielleicht – wohin möchtest du denn fahren?

   ● Einmal _____ den Starnberger See. Das dauert etwa drei bis vier Stunden.

   ■ Gut, aber wir gehen auch schwimmen, ja?

5. ● Hast du schon gehört? Unser neuer Chef kommt _____ Hamburg. Und er wohnt

   noch _____ seiner Mutter! Sie kocht und wäscht _____ ihn!

   ■ Ja, ein „Hotel Mama" ist schon sehr angenehm! Aber wie alt ist er? 45 Jahre?

   ● Mindestens!

6. ● Ich mache morgen meinen Führerschein.

   ■ Woher hast du das Geld?

   ● _____ meinem Vater.

   ■ Du hast es gut! Ich arbeite _____ drei Wochen im Supermarkt. Noch eine Woche

   und dann habe ich genug Geld _____ den Führerschein!

M5 Internationales

Ergänzen Sie die richtige Präposition und den Artikel.
Vorsicht: Einige Länder sind mit Artikel, andere haben keinen Artikel!

1. Mein Freund Mehmet kommt _aus der_ Türkei. Er lebt schon lange _____

   Deutschland. Reisen ist sein Hobby. Nächstes Jahr plant er eine große Reise

   _____ USA (Pl).

2. Mehmets Freundin Isabel ist _____ Frankreich. Sie ist aber _____ Schweiz (f)

   geboren und erst mit fünf Jahren _____ Frankreich gekommen. Jetzt arbeitet sie

   _____ Bundesrepublik (f) Deutschland.

3. Meine Familie ist auch sehr international. Mein Vater kommt _____ Vereinigten

   Arabischen Emiraten (Pl), meine Mutter _____ Großbritannien. Mein Vater hat

   lange _____ England gearbeitet und hat sie dort kennengelernt.

   Dann sind sie für drei Jahre _____ Iran (m) gegangen, und dort bin ich geboren.

   Die nächsten drei Jahre haben wir _____ Indien gelebt und dann sind wir

   _____ Österreich gekommen.

4. Vielleicht reise ich deshalb so gern. Ich war schon _____ vielen Ländern:

   _____ Schweden und _____ Norwegen, _____ Niederlanden (Pl),

   _____ Spanien und _____ Italien, _____ Ukraine (f) und _____

   Tschechischen Republik (f) und auch _____ Russland.

5. Unbedingt möchte ich noch _____ Ägypten und _____ Marokko und

   _____ einige südamerikanische Länder: _____ Chile, _____ Peru, _____

   Brasilien, _____ Argentinien und ... jetzt höre ich lieber auf!

N Fragen

N1 Interview im Himmel

Ergänzen Sie das richtige Fragewort.

Wie lange • Wie • Was • Wie • Wann • Woher • Wo • ~~Wie~~ • Wo •
Seit wann • Wann

1. *Wie* heißen Sie?		Marilyn Monroe.
2. _____ kommen Sie?		Aus Los Angeles.
3. _____ liegt das?		In den USA.
4. _____ sind Sie geboren?		Auch in Los Angeles.
5. _____ sind Sie geboren?		Am 1. Juni 1926.
6. _____ waren Sie von Beruf?		Ich war Fotomodell, Sängerin und Schauspielerin.
7. _____ haben Sie die Schule besucht?		10 Jahre.
8. _____ haben Sie als Fotomodell und Schauspielerin gearbeitet?		Seit 1945.
9. _____ haben Sie geheiratet?		1942.
10. _____ alt waren Sie da?		16 Jahre.
11. _____ ist Ihre Telefonnummer?		Die gebe ich Ihnen nicht ...

N2 Du bist aber neugierig!

Bilden Sie zu den Antworten die passenden Fragen.

1. _Wer ist das?_   Das da auf dem Foto, das ist mein Freund Hannes.

2. _____ Er ist 29, so alt wie ich.

3. _____ Er kommt aus Berlin.

4. _____ Ich kenne ihn schon 10 Jahre.

5. _____ Jetzt wohnt er in Hamburg, aber früher war
   er auch in München. Er war mein Nachbar.

6. _____ Er wohnt dort seit drei Jahren.

7. _____ Er ist Arzt.

8. _____ Ich glaube, er möchte im Juli nach München
   kommen.

9. _____ möchtest du das wissen?

Er gefällt mir!   Er ist aber verheiratet!

Schade ...

N3 **Sagen Sie die Wahrheit!**

Bilden Sie Fragen.

Andreas ist Detektiv von Beruf.

Er glaubt nicht alles, was man ihm sagt ...

1. Ich heiße Mona.   *Heißen Sie wirklich Mona?*

2. Ich komme aus Portugal.   _____

3. Lissabon ist meine Heimatstadt.   _____

4. Ich spreche Portugiesisch, Englisch   _____

    und Deutsch.   _____

5. Mein Vater ist Professor für Physik.   _____

6. Ich studiere Wirtschaft in Berlin.   _____

7. Ich möchte zwei Jahre in   _____

    Deutschland bleiben.   _____

8. Meine Hobbys sind Singen und   _____

    Gitarre spielen.   _____

9. Berlin gefällt mir sehr gut.   _____

10. Ich wohne in der Lindenstraße.   _____

11. Ich sage jetzt nichts mehr.   _____

    Nein! Sie gehen mir auf die Nerven!

N4 Doch!

Ergänzen Sie die Antwort mit *ja, nein* oder *doch*.

1. Hast du den Hausschlüssel mitgenommen?   *Ja*___ , hier ist er.
2. Hast du kein Wörterbuch?   _____ , ich habe eins.
3. Hast du kein Geld dabei?   _____ , ich habe es vergessen ...
4. Isst du heute eine Pizza?   _____ , ich esse lieber Nudeln.
5. Hast du ein Handy?   _____ , ich habe keins.
6. Möchtest du nicht nach Paris fahren?   _____ , natürlich möchte ich fahren.
7. Liebst du deine Frau?   _____ , ich liebe sie.
8. Hast du keine Kinder?   _____ , ich habe sogar fünf Kinder.
9. Wohnst du nicht in München?   _____ , nur in der Nähe von München.
10. Hast du Geschwister?   _____ , ich habe zwei Schwestern.
11. Spielst du nicht Tennis?   _____ , jedes Wochenende!
12. Machst du deine Hausaufgaben?   _____ , immer!
13. Das ist aber nicht die Wahrheit ...   _____ !
14. Besuchst du oft deine Eltern?   _____ , leider nicht so oft.
15. Wohnen sie nicht auch in deiner Stadt?   _____ , aber ich habe so wenig Zeit.
16. Arbeitest du viel?   _____ , sehr viel!

> **Tipp** . . . .
> Negative Frage → positive Antwort: *doch*!
> . . . .

O Satzstellung

01 Eine Ferienwoche

Bilden Sie Sätze und achten Sie auf die richtige Verbstellung.

Vera hat eine Woche Ferien. Sie hat viele Pläne. Damit sie nichts vergisst, hat sie einen Notizzettel gemacht. Was hat sie alles vor?

– jeden Morgen um 8 Uhr 30 aufstehen	1. Jeden Morgen _steht Vera um_ _8 Uhr 30 auf_ .
– oft ins Schwimmbad gehen	2. Sie _____ .
– Dienstagabend ins Theater gehen	3. Dienstagabend _____ .
– Ella und Rudi treffen	4. Sie _____ .
– die Großeltern in Bamberg besuchen	5. Sie _____ .
– jeden Abend joggen	6. Jeden Abend _____ .
– neue Schuhe kaufen	7. Sie _____ .
– viel spazieren gehen	8. Sie _____ .
– Montagabend ins Kino gehen	9. Montagabend _____ .
– Keller aufräumen	10. Sie _____ .
– am Samstag an den Chiemsee fahren	11. Am Samstag _____ .
– am Sonntagnachmittag Tante Tilla einladen	12. Am Sonntagnachmittag _____ _____ .

Tipp ....

Das Verb steht immer auf Position II! (Ausnahmen: Satzfrage, Imperativ)
Das Subjekt steht immer auf Position I **oder** es kommt gleich nach dem Verb.

02 Wort-Wolken

Bilden Sie Sätze. Die Verbklammer kommt immer in die blauen Felder.

hat · Haus-aufgaben · gemacht · nicht · ihre · Klara

Klara hat _ihre Hausaufgaben nicht_ gemacht .

verstanden · nicht · Wort · habe · das · Ich

2. _Ich_ _____

Party · machen · Udo · möchte · eine

3. _Udo_ _____

kann · nicht · kommen · heute · Tina

4. _Tina_ _____

gespielt · Wochen-ende · Am · die · Jungen · haben · Fußball

5. _Am_ _____

dich · will · Freitag · meiner · Geburts-tagsparty · zu · einladen · ich · Am

6. _Am_ _____

du · Kannst · heute · einkaufen? · Nachmittag

7. _Kannst_ _____

03 Wo ist sie nur?

Markieren Sie die Nominativ- **und die** Akkusativergänzung.

1. Jörg sucht seine Brille.
2. Er fragt seinen Sohn: „Hast du meine Brille gesehen?"
3. Doch sein Sohn isst gerade einen Teller Spaghetti und hört nicht zu.
4. Dann räumt Jörg seinen Schreibtisch auf.
5. „Vielleicht finde ich sie hier", denkt er.
6. Aber die Brille liegt auch hier nicht.
7. Jörg ist sauer. „Klar, ohne Brille sehe ich meine Brille nicht gut!", schimpft er.
8. Plötzlich hat er eine Idee: „Ich habe doch gerade die Zeitung gelesen!"
9. Er geht ins Wohnzimmer. Aha – da liegt die Katze auf der Zeitung.
   Und die Zeitung liegt ... auf der Brille!

04 Alltägliches

Setzen Sie das Wort in der Klammer in die richtige Form der Dativergänzung.

1. ● Wie gefällt _dir_ (du) das Kleid?

   ■ Super, aber leider passt es _____ (ich) nicht so gut. Probier du doch mal!

   ● Nein, Rot steht _____ (ich) nicht.

2. Schokolade schmeckt _____ (Kinder) sehr gut. Doch das gefällt _____

   (die Eltern) nicht, denn zu viel Schokolade ist nicht gesund.

3. ● Entschuldigung, könnten Sie _____ (ich) bitte helfen?

   ■ Natürlich! Gehört der große Koffer da oben _____ (Sie)?

   ● Ja! Es tut _____ (ich) leid, aber er ist so schwer!

   ■ Das macht doch nichts. Hier, bitte!

   ● Oh, ich danke _____ (Sie) sehr!

4. ● Hast du _____ (deine Mutter) schon zum Geburtstag gratuliert?

   ■ Ja, heute Morgen schon.

5. ● Wie geht es eigentlich _____ (Ihre Eltern)? Sind sie nicht schon über

   80 Jahre alt?

   ■ Richtig! Es geht _____ (sie) gut, sie sind zum Glück gesund.

P Konjunktionen

P1 Pro und Kontra

Verbinden Sie die Sätze mit der passenden Konjunktion.

a) es ist sehr anstrengend.

l) ich war noch nie in Deutschland.

b) ich habe einen deutschen Freund.

k) ich mag meinen Lehrer nicht.

c) ich vergesse immer wieder alles.

j) ich habe viele deutsche Kunden.

> 1. Ich lerne Deutsch, denn ...
> 2. Ich lerne Deutsch, aber ...

i) ich kann noch nicht viele Wörter.

d) ich mag diese Sprache.

h) mein Großvater kommt aus Deutschland.

e) ich möchte das Oktoberfest besuchen.

g) ich will Goethe im Original lesen.

f) meine Freundin versteht mich immer noch nicht.

1.	*a)*					
2.						

P2 ..., aber es ist vielleicht sehr teuer!

Verbinden Sie die beiden unterstrichenen Sätze mit der passenden Konjunktion:
denn, aber, oder.

● Was machen wir heute Abend?

<u>Gehen wir zum Essen? Schauen wir uns den neuen Film mit Tom Hanks an?</u>

(1.) *Gehen wir zum Essen oder schauen wir uns den neuen Film mit*

Tom Hanks an?

■ Das ist mir gleich. Entscheide du!

● Hm. <u>Ich möchte gern den Film sehen. Er hat eine gute Kritik bekommen.</u>

(2.) _____

_____

■ Gut, dann gehen wir ins Kino!

● <u>Ja, Kino macht sicher Spaß. Ich möchte gern einmal das neue indische Restaurant

ausprobieren.</u>

(3.) _____

_____

■ Dann lass uns essen gehen!

● <u>Das möchte ich gerne. Es ist vielleicht sehr teuer.</u>

(4.) _____

■ Ich lade dich ein.

● Nett von dir! <u>Ich esse gern indisch. Das schmeckt so interessant.</u>

(5.) _____

■ Also Restaurant!

● Nein, gehen wir ins Kino. <u>Im Kino ist es gemütlich. Es gibt dort so weiche Sessel.</u>

(6.) _____

■ Weißt du was? Wir bleiben einfach zu Hause. <u>Wir sehen eine DVD an.

Wir gehen früh ins Bett.</u>

(7.) _____

Q Zahlen

Q1 Fit in Zahlen!

Schreiben Sie alle Zahlen in Worten und notieren Sie den Buchstaben im Kästchen.
Das Lösungswort ist ein berühmter deutscher Mathematiker und Physiker.

1. 3 + 20 = *23* *drei* und *zwanzig* ist *dreiundzw[a]nzig*

2. 5 + 7 = _ _ _ _ _ _ und _ _ _ _ _ _ ist _ _ _ [ ] _

3. 24 + 13 = _ _ _ _ _ _ _ _ _ _ _ _ _ _ und _ _ _ _ _ _ _ ist

   _ _ _ [ ] _ _ _ _ _ _ _ _ _

4. 4 + 14 = _ _ _ _ _ _ und _ _ _ _ _ _ _ ist

   _ _ _ _ _ [ ] _ _

5. 31 + 42 = _ _ _ _ _ _ _ _ _ _ _ _ _ und _ _ _ _ _ _ _ _ _ _ _ ist

   _ [ ] _ _ _ _ _ _ _ _ _

6. 66 + 22 = _ _ _ _ _ _ _ _ _ _ _ _ _ _ und _ _ _ _ _ _ _ _ _ _ _ ist

   _ _ _ [ ] _ _ _ _ _ _ _

7. 1 + 16 = _ _ _ _ _ _ und _ _ _ _ _ _ _ ist _ _ _ _ _ [ ] _ _

8. 2 + 19 = _ _ _ _ _ _ und _ _ _ _ _ _ _ ist _ _ _ _ _ _ _ _ _ _ [ ] _

9. 40 + 32 = _ _ _ _ _ _ _ _ _ und _ _ _ _ _ _ _ _ _ _ _ _ ist

   _ _ _ _ _ [ ] _ _ _ _ _ _ _

10. 29 + 32 = _ _ _ _ _ _ _ _ _ _ _ _ _ _ und _ _ _ _ _ _ _ _ _ _ _ ist

    _ _ _ _ _ _ [ ] _ _ _ _ _ _

11. 36 + 12 = _ _ _ _ _ _ _ _ _ _ _ _ _ _ _ und _ _ _ _ _ ist

    _ _ _ [ ] _ _ _ _ _ _ _ _

12. 11 + 5 = _ _ _ _ _ und _ _ _ _ ist _ [ ] _ _ _ _ _ _

13. 6 + 16 = _ _ _ _ _ _ _ und _ _ _ _ _ _ _ ist _ _ _ [ ] _ _ _ _ _ _ _ _

14. 59 + 34 = _ _ _ _ _ _ _ _ _ _ _ _ _ _ _ und _ _ _ _ _ _ _ _ _ _ _ _ ist

    _ _ _ _ _ _ [ ] _ _ _ _ _ _

Lösungswort: _ _ _ _ _ _ _ _ _ _ _ _ _

Q2 Zahlen, Zahlen, Zahlen ...

Schreiben Sie die Uhrzeiten, Maßangaben und Preise in Worten auf.

1. 12:45 Uhr   *zwölf Uhr fünfundvierzig*

2. 3,50 Euro   _____

3. 4,5 kg   _____

4. 20:15 Uhr   _____

5. 0:20 Uhr   _____

6. 249,90 Euro   _____

7. 1,72 m   _____

8. 0,9 m   _____

9. 730 g   _____

10. 10:57 Uhr   _____

11. 1 876 Euro   _____

12. 83 km   _____

13. 1:10 Uhr   _____

14. 79,99 Euro   _____

Tipp ....

Ordinalzahlen:
Zahlen 1 bis 19 + *-te(n)*; Zahlen ab 20 + *-ste(n)*
Unregelmäßige Formen: *erste(n), dritte(n), siebte(n)*

Q3 Die dritte Aufgabe!

Schreiben Sie die Ordinalzahlen in Klammern als Wort.

1. ● Entschuldigen Sie bitte, wohnt Frau Kugler hier?

   ■ Ja, aber im Erdgeschoss. Und hier ist der _vierte_ (4.) Stock!

   ● Ach so, vielen Dank.

2. ● Was hast du da?

   ■ Das ist ein Kreuzworträtsel vom Supermarkt, da kann man etwas gewinnen.

   ● Und was?

   ■ Der _____ (1.) Preis ist ein Fahrrad, der _____ (2.) ein Rucksack

   und der _____ (3.) eine Flasche Champagner.

   ● Hoffentlich gewinnst du, die trinken wir dann zusammen!

3. ● Am Sonntag ist der _____ (70.) Geburtstag von meinem Opa.

   ■ Wünsch ihm alles Gute von mir!

   ● Das mache ich!

4. ● Der Deutschtest war wirklich einfach!

   ■ Ja, aber die _____ (6.) Aufgabe habe ich nicht verstanden.

5. ● Wir müssen heute zur Buchausstellung gehen!

   ■ Warum?

   ● Hier, lies mal: Der _____ (100.) Besucher bekommt ein Buch geschenkt!

6. ● Guten Tag, hier spricht Müller. Ich habe Ihre Anzeige gelesen und möchte gern

   das alte Fahrrad kaufen!

   ■ Das ist jetzt der _____ (25.) Anruf – das Fahrrad ist leider

   schon lange verkauft!

   ● Schade!

Q4 **Der Wievielte ist heute?**

Schreiben Sie das Datum in Worten.

1. ● Alles Gute zum Geburtstag!

   ■ Das ist nett, aber heute ist der D*reiundzwanzigste* (23.), und mein Geburtstag

   ist am F*ünfundzwanzigsten* (25.)!

   ● Oh ...

2. ● Michael, der Wievielte ist heute?

   ■ Der z_____ D_____ (12.3.)!

   ● Oh, Mist! Jetzt habe ich den Geburtstag von meinem Bruder vergessen!

   ■ Wann hatte er denn Geburtstag?

   ● Am E_____ (11.). Aber ich rufe ihn gleich an.

3. Vom e_____ S_____ (31.7.) bis zum v_____ N_____ (14.9.)

   haben die Kinder in Bayern Sommerferien.

4. ● Was bist du für ein Sternzeichen?

   ■ Ich weiß nicht. Ich bin am z_____ E_____ (2.1.) geboren.

   ● Dann bist du Steinbock!

5. ● Wann hat eigentlich die Bundesrepublik Deutschland Geburtstag?

   ■ Der Gründungstag war der d_____ Mai

   n_____ (23. Mai 1949).

6. Der Deutschkurs beginnt am e_____ Z_____ (21.10.) und dauert

   bis zum n_____ Z_____ (19.12.).

7. Der v_____ Z_____ (24.12.) ist in Deutschland der

   „Heilige Abend". Da gibt es die Geschenke. Die beiden Weihnachtsfeiertage sind am

   f_____ (25.) und am s_____ Z_____ (26.12.).

Teil 1 **Wortschatz**

A   Person, Familie und Freunde

A1   1. Tag; Name; Frau 2. Kollege; Freut mich; guten; Tag 3. bin; heißt; heiße 4. Entschuldigung; Ihr; Arbeiten

A2   1. Guten Morgen. 2. Guten Tag. 3. Grüß Gott. (Freunde begrüßen sich oft auch mit: Servus.) 4. Grüezi. 5. Hallo./Hi.

A3   1. Tschau./Tschüs. 2. (Auf) Wiedersehen. 3. Servus. (In Baden-Württemberg sagt man auch Ade.) 4. Gute Nacht. 5. (Auf) Wiedersehen. 6. Tschüs./Bis bald.

A4   1. Familienname 2. Vorname 3. Geburts- datum 4. Nationalität 5. Straße 6. Hausnummer 7. Postleitzahl 8. Wohnort (Stadt) 9. Land 10. Telefonnummer 11. E-Mail 12. Beruf 13. Unterschrift

A5   1. der Name – die Namen 2. die Straße – die Straßen 3. die Stadt – die Städte 4. das Land – die Länder 5. die E-Mail – die E-Mails 6. die Telefonnummer– die Telefonnummern 7. der Student – die Studenten 8. die Studentin – die Studentinnen

A6   1. Name 2. buchstabieren 3. kommen 4. lebe 5. geboren 6. Geburtsort 7. spreche 8. Kinder 9. Tochter 10. Jahre 11. Adresse 12. wohne 13. bin

A7   1. geboren 2. Fax 3. Familienstand 4. Geburtsort 5. verwandt

A8   1. Schweiz; Schweizer; Schweizerin; Schwei- zer; schweizerisch 2. Österreich; Österreicher; Österreicherin; Österreicher; österreichisch 3. Deutschland; Deutscher; Deutsche; Deutscher; deutsch

A9   Die folgende Lösung ist nur ein Beispiel:

Vor- und Familienname:	Mira Ouahid	Geburtsort:	
geboren am:	26.11.1976		Rabat (Marokko)
Staatsangehörigkeit:	marokkanisch	Geschlecht:	
Alter:	33		weiblich
Religion:	muslimisch		
Beruf:	Hausfrau		

Hier finden Sie einige Wörter zu Ländern, Staatsangehörigkeiten und Religionen. Noch mehr Wörter finden Sie im Wörterbuch.

Land	Staatsangehörigkeit
die USA	amerikanisch
Frankreich	französisch
Spanien	spanisch
die Niederlande	niederländisch
Großbritannien	britisch
Türkei	türkisch
Italien	italienisch
Polen	polnisch
Russland	russisch
Brasilien	brasilianisch
Argentinien	argentinisch
...	

Religion
katholisch, evangelisch, muslimisch (= islamisch), hinduistisch, buddhistisch ...

A10   1. du 2. Sie 3. Sie 4. du 5. Sie 6. du 7. du 8. du

du oder *Sie?* Auch für Kinder mit deutscher Muttersprache ist der Unterschied schwierig. Erst im Alter von ca. neun Jahren fangen Kinder an, zu ihren Lehrern und fremden Erwachsenen *Sie* zu sagen.

A11   1. Amerika 2. Europa 3. Asien 4. Afrika 5. Australien

A12   1. der Vater 2. die Tochter 3. das Baby 4. die Mutter 5. die Großmutter 6. der Sohn 7. der Hund 8. der Großvater

A13   1. die Dame 2. das Mädchen 3. die Ehefrau 4. die Freundin 5. die Partnerin

A14   1. Eltern 2. Familie 3. Bruder 4. Schwester

A15   1. a) 2. e) 3. d) 4. c) 5. b)

A16   1. kennst; glaube 2. sprichst; lernst 3. Magst; nett; dumm/blöd; blöd/dumm 4. sehen 5. Du ... sagen 6. essen gehen 7. habe ... gern 8. gefallen 9. interessiert; Hobby 10. traurig 11. rufst ... an; schicke 12. bekommen; Post

A17 1. schön – hässlich 2. jung – alt 3. klein – groß 4. lang – kurz 5. dick – dünn

B **Körper und Gesundheit**

B1 1. der Kopf 2. der Finger 3. das Herz 4. der Bauch 5. der Fuß 6. das Gesicht 7. der Arm 8. die Hand 9. das Bein

B2 1. ein Arm – Arme 2. ein Fuß – Füße 3. ein Bein – Beine 4. ein Bauch – Bäuche 5. eine Hand – Hände 6. ein Kopf – Köpfe 7. ein Finger – Finger 8. ein Gesicht – Gesichter

B3 1. kämmen 2. sehen; lesen 3. hören 4. riechen 5. sprechen; essen; trinken

B4 1. sehe 2. schmeckt 3. sprechen; versteht; hört 4. hört 5. sprichst

B5 1. siehst ... aus 2. geht 3. schlecht 4. Zahn 5. Apotheke 6. etwas gegen 7. Zahnarzt 8. starke 9. lachen

B6 1. Doktor 2. gut 3. krank 4. Fieber 5. leichte 6. Schnupfen 7. Erkältung 8. Medikament 9. schlafen 10. gesund

B7 1. c) 2. h) 3. i) 4. b) 5. f) 6. e) 7. a) 8. d) 9. g)

B8 1. schmutzig 2. Seife 3. Spiegel 4. Haare waschen 5. Handtuch 6. sauber 7. ins Bett gehen 8. Toilette 9. schlafen

C **Wohnen und Hausarbeit**

C1 1. die Küche 2. die Toilette 3. das Wohn-zimmer (A: die Stube) 4. das Kinderzimmer 5. das Schlafzimmer 6. das Badezimmer 7. die Treppe 8. der Garten

C2 1. einen Tisch 2. Stühle 3. einen Kühlschrank 4. einen Herd 5. einen Teppich 6. eine Uhr 7. ein Sofa 8. einen Schrank 9. ein Bett

C3 1. Bilder 2. Uhren 3. Sofas 4. Teppiche 5. Betten 6. Radios 7. Tische 8. Schränke

C4 1. Wohnung 2. Zimmer 3. wohne 4. zu Hause 5. Mieten 6. hoch 7. kostet 8. groß 9. Balkon

C5 1. neu 2. klein 3. unmodern 4. dunkel 5. teuer 6. laut 7. kalt 8. leer

C6 1. Anzeige (CH: Annonce) 2. Apartment 3. Quadratmeter 4. Stock 5. hell 6. liegt 7. Ecke 8. ruhig 9. Fenster 10. Dusche 11. schön

C7 1. offen 2. ein 3. an 4. ein 5. ein

C8 1. aufmachen 2. warm 3. offen 4. aus-machen 5. laut 6. anmachen 7. dunkel 8. Abfall 9. Schlüssel 10. zumachen

C9 1. an 2. auf 3. unter 4. in 5. vor 6. aus

D **Natur, Wetter und Jahreszeiten**

D1 1. ein Baum 2. eine Blume 3. eine Pflanze 4. eine Katze 5. ein Hund 6. ein Vogel 7. ein Fisch 8. eine Kuh / ein Rind 9. ein Schwein

D2 1. viele Bäume 2. viele Blumen 3. viele Pflanzen 4. viele Katzen 5. viele Hunde 6. viele Vögel 7. viele Fische 8. viele Kühe/Rinder 9. viele Schweine

D3 1. Woche 2. Hotel 3. Wetter 4. Essen 5. Meer 6. Strand 7. Grad 8. Urlaub 9. Grüße

D4 1. Norden 2. Süden 3. Westen 4. Osten

D5 1. der Berg 2. der Wald 3. das Schwimmbad 4. der See 5. die Straße 6. das Dorf 7. die Stadt 8. der Fluss 9. die Kirche

D6 1. Berge 2. Wälder 3. Schwimmbäder 4. Seen 5. Straßen 6. Dörfer 7. Städte 8. Flüsse 9. Kirchen

D7 1. der Frühling 2. der Sommer 3. der Herbst 4. der Winter

D8 1. Blumen; grün; Nachmittag; Sonne 2. Jahreszeit; warm; heiß; Schwimmbad; Grad 3. Nebel; Wind; Regen; Wald 4. kalt; Schnee; schneit

D9 1. März, April, Mai 2. Juni, Juli, August 3. September, Oktober, November 4. Dezember, Januar, Februar

D10 1. a) 2. d) 3. b) 4. c)

D11 1. nass 2. kalt 3. gut 4. schlecht

E **Reisen, Verkehr und Freizeit**

E1 1. das Fahrrad (CH: das Velo) 2. der Zug
3. das Auto 4. der Bus 5. das Motorrad
6. die Straßenbahn (CH: die Tram) 7. das
Flugzeug 8. die U-Bahn 9. das Schiff

E2 1. d) 2. e) 3. f) 4. a) 5. b) 6. c)

E3 1. Stadtplan 2. Prospekte 3. am besten
4. links 5. geradeaus 6. rechts 7. Kilometer
8. Straßenbahn (CH: Tram) 9. Bus
10. U-Bahn

E4 1. Licht; schließen 2. anmachen 3. Gehen;
nehmen 4. Bahnhof 5. Holst; warte
6. Flughafen; fährt 7. Gibst 8. Trägst

E5 1. Ferien 2. Reise 3. Woche 4. Hotel
5. Dusche 6. Zug 7. Hauptbahnhof
8. sehen 9. Grüße

E6 1. Fahrkarte 2. zurück 3. Klasse
4. reservieren 5. umsteigen 6. Zug
7. Bahnsteig 8. Gleis

E7 1. reservieren 2. ankommen 3. planen
4. informieren 5. abfliegen 6. abfahren
7. reisen 8. übernachten

E8 1. reservieren 2. bleiben 3. Doppelzimmer
4. Balkon 5. Nichtraucher 6. kostet
7. Frühstück 8. Rezeption 9. Schlüssel
10. bezahlen

E9 1. machst; suche; liegt 2. steckt 3. liegt
4. Stellst 5. stehen 6. sitzen 7. lege
8. aufstehen

E10 1. Monate 2. Wochen 3. Tage 4. Stunden
5. Minuten 6. Sekunden

E11 1. c) 2. e) 3. g) 4. f) 5. d) 6. b) 7. a)

E12 1. Fußball spielen 2. ins Theater gehen
3. lesen 4. spazieren gehen 5. Musik hören
6. Rad fahren 7. fernsehen 8. fotografieren 9.
schwimmen

E13 1. frei 2. Ferien 3. Urlaub 4. Wochenende
5. Feiertag

E14 1. Am Montag geht Petra um 18 Uhr
schwimmen. 2. Am Dienstag geht Petra mit
Paul um 20 Uhr ins Kino. 3. Am Mittwoch
geht Petra um 16 Uhr joggen. 4. Am
Donnerstag trifft sich Petra um 19 Uhr mit
Freunden. 5. Am Freitag spielt Petra um
15 Uhr Tennis. 6. Am Samstag fährt Petra
um 11 Uhr Rad. 7. Am Sonntag schläft Petra
lange.

E15 1. Karten 2. anrufen 3. von 4. bis 5. vorne/
hinten 6. hinten/vorne 7. Plätze 8. sehen
9. Tickets 10. um 11. treffen 12. Eingang
13. pünktlich 14. spät

E16 1. später 2. schnell 3. geschlossen
4. Ausgang 5. nie 6. pünktlich
7. uninteressant 8. letzte

E17 1. Es ist halb acht 2. Es ist Viertel vor neun.
3. Es ist Viertel nach elf. 4. Es ist fünf vor
zwölf. 5. Es ist zehn nach drei. 6. Es ist fünf
Uhr.

F **Essen, Trinken und Einkaufen**

F1 1. die Suppe 2. der Salat 3. die Kartoffel
(A: der Erdapfel) 4. der Apfel 5. der Kuchen
6. die Zitrone 7. der Käse 8. der Fisch
9. das Eis 10. das Brot 11. die Marmelade
12. die Nudeln 13. die Pommes 14. die
Schokolade 15. die Orange (A: die Apfelsine)
16. das Fleisch

F2 1. Durst 2. Milch 3. Hunger 4. Brot
5. Kaffee 6. Butter 7. Salz 8. Käse

F3 1. das Bier, der Saft, das Wasser, der Wein
2. der Kaffee, der Tee 3. das Brot, das Eis,
der Kuchen 4. der Reis, die Nudeln,
die Suppe, die Pommes

F4 1. Platz 2. frei 3. reserviert 4. Speisekarte
5. trinken 6. Bier 7. bestellen 8. Menü
9. Suppe 10. Salat 11. Appetit 12. Pfeffer
13. Essig 14. zahlen 15. Rechnung
16. Kreditkarte 17. bar 18. macht

F5 1. das Messer 2. die Gabel 3. der Löffel
4. die Flasche 5. das Glas 6. der Teller

F6 1. trocken 2. hart 3. kalt 4. schlecht
5. besetzt 6. sauer

F7 1. Metzger 2. Fleisch 3. nimm mit
4. magst/möchtest 5. Gemüse 6. kaufen
7. brauchen 8. Kilo 9. Brötchen 10. Bäcker
11. Supermarkt 12. Apotheke 13. Kiosk

F8 1. der Montag – montags 2. der Dienstag – dienstags 3. der Mittwoch – mittwochs
4. der Donnerstag – donnerstags 5. der
Freitag – freitags 6. der Samstag – samstags
7. der Sonntag – sonntags 8. der Wochen-
tag – wochentags

F9 1. e) 2. c) 3. d) 4. a) 5. b)

F10 1. Ich bin dran. 2. Ich hätte gern ein Pfund
Tomaten. 3. Oh, das ist mir zu teuer.
4. Nein, danke. Das ist alles.

F11 1. Sonst noch etwas? 2. Darf es ein bisschen
mehr sein? 3. Sie wünschen? 4. Wie viel
möchten Sie? 5. Ist das alles? 6. Kann ich
Ihnen helfen?

F12 1. Geben Sie mir bitte einen Kopfsalat.
2. Haben Sie Eier? 3. Nein, danke. Das ist
alles. 4. Wie viel kosten die Erdbeeren?
5. Wo finde ich den Zucker? 6. Das ist alles.

F13 1. Pfund/Kilo 2. Gramm 3. fünf 4. Kilo/Pfund
5. Becher 6. Liter/Flaschen
7. Packung 8. Dose (CH: Büchse)

F14 1. d) 2. j) 3. c) 4. f) 5. g) 6. b) 7. a) 8. i)
9. e) 10. h)

F15 1. ein Kleid (CH: einen Rock) 2. einen Rock
(CH: einen Jupe) 3. eine Hose 4. eine Jacke
5. ein T-Shirt 6. ein Hemd 7. eine Bluse
8. einen Pullover 9. einen Mantel

F16 1. schön, sauber, schmutzig, hübsch, modern,
nett 2. grau, rot, grün, blau, gelb, schwarz
3. billig, teuer, günstig

G **Amt, Post, Bank und Polizei**

G1 1. der Absender 2. die Briefmarke
3. die Adresse 4. die Postleitzahl 5. der
Empfänger 6. das Telefon 7. das Handy
8. das Telefonbuch 9. das Päckchen
(A: das Packerl) 10. das Paket 11. die
Postkarte

G2 1. abholen; Ausweis 2. abgeben 3. schicken;
Kilogramm; Paket 4. bekommen; kriegen

5. Briefmarken; macht 6. ausfüllen
7. bekommen; helfen; anrufen 8. Postleitzahl;
finden 9. kostet; Brief; Gramm; Euro
10. ankommt

G3 1. ausfüllen 2. buchstabieren 3. ankreuzen
4. kosten

G4 1. Kann ich Ihnen helfen? 2. Sie müssen
zuerst eine Nummer ziehen. 3. Sie müssen
dieses Formular ausfüllen. 4. Bitte warten Sie
einen Moment. 5. Sie können das Formular
hier abgeben. / Sie können hier das Formular
abgeben.

G5 1. Geld; Geldautomat 2. Konto 3. überweisen 4. wechseln 5. IBAN; BIC
6. Kreditkarte 7. Überweisung; Bank

G6 1. anrufen; besetzt 2. ausmachen 3. telefonieren 4. schicken; Fax; E-Mail; Unterschrift; Brief 5. Telefonnummer; Ausland
6. Spreche 7. verstehe 8. Anruf 9. Auskunft
10. geben 11. angekommen; E-Mail-Adresse
12. Computer; Internet

G7 1. c) 2. d) 3. b) 4. a) 5. f) 6. e)

H **Schule, Arbeit und Beruf**

H1 1. die Lehrerin 2. der Schüler 3. der Bleistift
4. das Buch 5. der Computer 6. das Heft
7. das Papier 8. die Tafel 9. der Kugelschreiber

H2 1. machen 2. lesen, schreiben 3. singen,
lernen, schreiben 4. rechnen, machen
5. schreiben, lesen, lernen 6. lernen

H3 1. Hausaufgaben 2. schwer 3. erklären
4. Pause 5. wiederholen 6. Grammatik
7. fehlt 8. Klasse 9. Wort 10. Test 11. Texte
12. üben 13. schlechten 14. leicht

H4 1. fragen 2. antworten 3. unterrichten
4. sprechen 5. üben 6. arbeiten 7. testen
8. prüfen

H5 1. Mathematik 2. Englisch 3. Erdkunde
4. Physik 5. Biologie 6. Geschichte

H6 1. Sprache 2. schreiben 3. Grammatik
4. Prüfung 5. Aufgaben 6. falsch 7. richtig
8. bestanden

H7 1. der Lehrer 2. die Hausfrau 3. der Friseur
4. der Verkäufer 5. der Polizist 6. der Kellner
7. die Köchin 8. die Ärztin 9. der Bäcker

H8 1. die Polizistin 2. die Friseurin 3. die
Lehrerin 4. der Arzt 5. die Verkäuferin
6. die Kellnerin 7. der Koch 8. die Bäckerin

H9 1. Ich arbeite als Lehrerin. 2. Ich arbeite als
Verkäufer. 3. Ich arbeite als Taxifahrer.
4. Ich arbeite als Polizistin. 5. Ich arbeite als
Friseur.

H10 1. studieren 2. werden 3. verdienen 4. Job
5. Firma 6. Kollegen 7. Chef 8. Arbeitstage
9. Wochenende 10. Büro 11. Urlaub

H11 1. selbstständig 2. arbeitslos 3. leicht 4. gut
5. Feierabend 6. kurz

H12 1. E-Mail-Adresse; E-Mail; Problem; Internet
2. Dokument 3. Computer 4. Datei; Text
5. Fax

Teil 2 **Grammatik**

I **Verben**

I1 1. bist 2. bin/heiße 3. wohne 4. heißt
5. heiße/bin 6. ist 7. ist 8. heißt 9. kommst
10. kommen 11. arbeitet 12. Spielst
13. Spielen 14. komme

I2 1. finde 2. bin 3. ist 4. beginne 5. ist
6. arbeiten 7. freue

I3 1. fahre; fährt 2. esse; isst 3. schlafe; schläft
4. sehe; sieht 5. wasche; hilft; wäscht
6. laufe; läuft 7. nehme; nimmt 8. lese; liest
9. spricht; spreche 10. treffe; trifft

I4 1. weckt ... auf 2. bereitet ... vor 3. räumt ...
ab 4. bringt 5. fängt ... an 6. bereitet ... vor;
schreibt; ruft ... an 7. fährt; holt ... ab
8. kocht 9. hilft 10. räumt ... auf 11. kauft ...
ein 12. sehen ... fern; macht ... aus 13. deckt
14. hängt ... auf 15. Hört ... auf 16. liegt;
schläft ein

I5 1. g) nimm 2. c) fahr 3. j) Warte 4. a) gib
5. b) Geh 6. k) Sei 7. d) Hab 8. l) Sprich
9. e) Komm 10. f) Iss 11. h) Gebt
12. o) Kommen 13. i) Seien 14. m) Seid
15. n) Gehen

I6 1. hat ... gemacht 2. sind ... gefahren
3. haben ... gewartet 4. haben ... angeschaut
5. haben ... diskutiert; war 6. habe ... gekauft;
waren 7. habe ... fotografiert; hat ... gesagt
8. haben ... gemacht 9. habe ... bestellt
10. war; hat ... geschmeckt 11. sind ... gekommen 12. war; bin ... gegangen
13. hatten

I7 1. Ich habe mein Zimmer schon aufgeräumt!
2. Ich habe meine Hausaufgaben schon
gemacht! 3. Ich habe schon Brot für das
Abendessen gekauft! 4. Ich habe den Blumen
in meinem Zimmer schon Wasser gegeben!
5. Ich habe Sarah schon bei den Hausaufgaben geholfen! 6. Ich habe schon Klavier
geübt! 7. Ich habe Opa (heute Abend) schon
angerufen! 8. Ich bin heute schon ins
Fitness-Studio gegangen! 9. Ich habe schon
ein paar Flaschen Apfelsaft aus dem Keller
geholt! 10. Ich habe das Buch schon in die
Stadtbibliothek zurückgebracht!

11. Ich habe meinen Hustensaft schon genommen! 12. Ich habe meine Präsentation für Geschichte schon vorbereitet!

I8 1. war 2. hatte 3. waren 4. hattest 5. war 6. waren 7. hatte 8. hatten 9. war 10. war

I9 1. kann; muss 2. wollen; können 3. will; muss 4. Kannst; darf; muss 5. will; muss; will 6. Wollt; können; müssen

I10 1. Möchtest; mag 2. mag 3. möchte; mag; möchte 4. Magst; mag; möchte 5. mag 6. Möchtet; möchte

I11 1. Würden Sie bitte das Fenster zumachen?
2. Würdest du bitte eine Flasche Saft holen?
3. Würdest du mir bitte die Butter geben?
4. Würden Sie mir bitte einen Kaffee bringen?
5. Würden Sie bitte hier / hier bitte nicht rauchen? 6. Würdet ihr das bitte aufschreiben? 7. Würdest du bitte zum Einkaufen gehen? 8. Würdest du bitte mal herkommen?
9. Würdest du bitte leise sprechen?
10. Würdest du bitte still sein?

Hinweis: In allen Sätzen ist immer auch *könnte* statt *würde* möglich, z. B.:
Könnten Sie bitte das Fenster zumachen?
Könntest du bitte eine Flasche Saft holen?
Könntet ihr das bitte aufschreiben?

J **Nomen und Artikel**

J1 1. Äpfel 2. Trauben 3. Tomaten 4. Salate 5. Fische 6. Becher 7. Eier 8. Dosen 9. Nudeln 10. Brötchen 11. Flaschen 12. Packungen 13. Kiwis

J2 1. Kinderwagen 2. Milchflaschen 3. Betten 4. Autositze 5. Kinderlöffel 6. Kindergartenplätze 7. Teddys 8. Fahrräder 9. Sonnenbrillen 10. Kinderzimmer 11. Radios 12. Computer 13. Schreibtische 14. Schultaschen 15. Männer

J3 1. einem 2. dem 3. Das 4. einen 5. dem 6. – 7. – 8. ein 9. Der 10. – 11. – 12. – 13. – 14. dem 15. – 16. – 17. – 18. ein 19. dem 20. ein 21. eine 22. eine 23. ein 24. Das 25. einen 26. einen 27. ein

J4 1. Mein Name; Mein Bruder; meine Schwester; mit meinen Eltern und meinen Geschwistern; mit meiner Katze
2. dein Name; deine Familie; dein Hund
3. Seine Eltern; bei seinem Vater; seinen Freund; seine Mutter
4. ihre Cousine; vor ihrem Haus; ihre Großeltern; ihr Pferd
5. Unser Haus; unseren Garten; Unser liebstes Spiel; unsere Freundin
6. eure Eltern; euer Haus; eure Fahrräder; mit eurem Hund
7. Ihren Einkaufskorb; Ihren Schlüssel; Ihre Haustür
8. Ihr Haus; mit ihren Tieren; Ihr Garten; ihre ganze Freude

J5 1. nicht zum Fischen 2. keinen großen Fisch 3. nicht gut 4. keine Fahrradtour 5. meine Freunde nicht 6. keinen Film 7. nicht in die Diskothek 8. kein Mädchen 9. nicht lange 10 nicht so richtig 11. keinen großen Sonntagsbraten 12. meine Nachbarn nicht

K **Adjektive**

K1 1. ist verheiratet. 2. ist krank. 3. ist groß. 4. ist klein. 5. ist nett. 6. ist breit. 7. ist neu. 8. sind teuer. 9. ist schwer. 10. ist leicht.

K2 1. lieber 2. besser 3. lieber; besser 4. mehr; am meisten 5. am besten 6. lieber 7. am liebsten 8. am besten 9. mehr

L **Pronomen**

L1 1. f) 2. d) 3. a) 4. h) 5. b) 6. c) 7. k) 8. j) 9. e) 10. g) 11. i)
12. mir 13. ihm 14. euch 15. Ihnen 16. ihr 17. dir 18. uns

L2 1. f) 2. d) 3. a) 4. h) 5. j) 6. b) 7. i) 8. e) 9. c) 10. g)

M Präpositionen

M1 1. zum Arzt; beim Arzt; vom Arzt 2. zum Einkaufen; beim Einkaufen; vom Einkaufen 3. ins Büro; im Büro; aus dem / vom Büro 4. in die / zur Bäckerei; in der Bäckerei; aus der / von der Bäckerei 5. zu Anna; bei Anna; von Anna 6. ins Schwimmbad; im Schwimmbad; aus dem / vom Schwimmbad 7. in die Berge; in den Bergen; aus den Bergen 8. nach Hause; zu Hause; von zu Hause 9. zum Friseur; beim Friseur; vom Friseur 10. zu meinen Eltern; bei meinen Eltern; von meinen Eltern 11. nach München; in München; von/ aus München 12. zu Thomas; bei Thomas; von Thomas 13. ins Theater; im Theater; aus dem / vom Theater 14. in die Oper; in der Oper; aus der / von der Oper 15. nach Österreich; in Österreich; von/aus Österreich

M2 1. zum 2. bis zum 3. Am 4. nach 5. in die 6. Am 7. über die 8. am 9. bis zur 10. nach 11. bis zum 12. auf der 13. am 14. nach 15. auf der

M3 1. am 2. für/– 3. vom … bis zum 4. um 5. – 6. um 7. In der 8. – 9. Am; für/– 10. im 11. Im 12. – 13. –

M4 1. für 2. gegen 3. ohne; mit 4. um 5. aus; bei; für 6. Von; seit; für

M5 1. aus der Türkei; in Deutschland; in die USA 2. aus Frankreich; in der Schweiz; nach Frankreich; in der Bundesrepublik 3. aus den Vereinigten Arabischen Emiraten; aus Großbritannien; in England; in den Iran; in Indien; nach Österreich 4. in vielen Ländern; in Schweden und (in) Norwegen; in den Niederlanden; in Spanien und (in) Italien; in der Ukraine und (in) der Tschechischen Republik; in Russland 5. nach Ägypten und (nach) Marokko; in einige südamerikanische Länder; nach Chile, (nach) Peru, (nach) Brasilien, (nach) Argentinien

N Fragen

N1 1. Wie 2. Woher 3. Wo 4. Wo 5. Wann 6. Was 7. Wie lange 8. Seit wann 9. Wann 10. Wie 11. Wie

N2 1. Wer ist das? 2. Wie alt ist er? 3. Woher kommt er? 4. Wie lange kennst du ihn (schon)? 5. Wo wohnt er? 6. Seit wann wohnt er in Hamburg / dort? 7. Was ist er von Beruf? 8. Wann kommt er nach München? 9. Warum möchtest du das wissen?

N3 1. Heißen Sie wirklich Mona? 2. Kommen Sie wirklich aus Portugal? 3. Ist Lissabon wirklich Ihre Heimatstadt? 4. Sprechen Sie wirklich Portugiesisch, Englisch und Deutsch? 5. Ist Ihr Vater wirklich Professor für Physik? 6. Studieren Sie wirklich Wirtschaft in Berlin? 7. Möchten Sie wirklich zwei Jahre in Deutschland bleiben? 8. Sind Ihre Hobbys wirklich Singen und Gitarre spielen? 9. Gefällt Ihnen Berlin wirklich sehr gut? 10. Wohnen Sie wirklich in der Linden- straße? 11. Sagen Sie wirklich nichts mehr?

N4 1. Ja 2. Doch 3. Nein 4. Nein 5. Nein 6. Doch 7. Ja 8. Doch 9. Nein 10. Ja 11. Doch 12. Ja 13. Doch 14. Nein 15. Doch 16. Ja

O Satzstellung

O1 1. steht Vera um 8 Uhr 30 auf 2. geht oft ins Schwimmbad 3. geht sie ins Theater 4. trifft Ella und Rudi 5. besucht die Großeltern in Bamberg 6. joggt sie 7. kauft neue Schuhe 8. geht viel spazieren 9. geht sie ins Kino 10. räumt den Keller auf 11. fährt sie an den Chiemsee 12. lädt sie Tante Tilla ein

O2 1. Klara hat ihre Hausaufgaben nicht gemacht. 2. Ich habe das Wort nicht verstanden. 3. Udo möchte eine Party machen. 4. Tina kann heute nicht kommen. 5. Am Wochenende haben die Jungen Fußball gespielt. 6. Am Freitag will ich dich zu meiner Geburtstagsparty einladen. 7. Kannst du heute Nachmittag einkaufen?

O3 1. Jörg sucht seine Brille. 2. Er fragt seinen Sohn: „Hast du meine Brille gesehen?" 3. Doch sein Sohn isst gerade einen Teller Spaghetti … 4. Dann räumt Jörg seinen Schreibtisch auf. 5. „Vielleicht finde ich sie hier", denkt er. 6. Aber die Brille … 7. Jörg ist sauer. „… sehe ich meine Brille nicht gut!", schimpft er. 8. Plötzlich hat er eine Idee. „Ich habe doch gerade die Zeitung gelesen!" 9. Er geht ins Wohnzimmer. ... liegt die Katze auf der Zeitung. Und die Zeitung liegt ...

O4 1. dir; mir; mir 2. Kindern; den Eltern 3. mir; Ihnen; mir; Ihnen 4. deiner Mutter 5. Ihren Eltern; ihnen

P Konjunktionen

P1 1. b); d); e); g); h); j)
2. a); c); f); i); k); l)

P2 1. Gehen wir zum Essen oder schauen wir uns den neuen Film mit Tom Hanks an? 2. Ich möchte gern den Film sehen, denn er hat eine gute Kritik bekommen. 3. Ja, Kino macht sicher Spaß, aber ich möchte gern einmal das neue indische Restaurant ausprobieren. 4. Das möchte ich gerne, aber es ist vielleicht sehr teuer. 5. Ich esse gern indisch, denn das schmeckt so interessant. 6. Im Kino ist es gemütlich, denn es gibt dort so weiche Sessel. 7. Wir sehen eine DVD an oder wir gehen früh ins Bett.

Q Zahlen

Q1 1. drei und zwanzig ist dreiundzw**a**nzig
2. fünf und sieben ist zwö**l**f 3. vierundzwanzig und dreizehn ist sie**b**enunddreißig
4. vier und vierzehn ist acht**z**ehn 5. einunddreißig und zweiundvierzig ist d**r**eiundsiebzig 6. sechsundsechzig und zweiundzwanzig ist ach**t**undachtzig 7. eins und sechzehn ist siebz**e**hn 8. zwei und neunzehn ist einundzwanz**i**g 9. vierzig und zweiunddreißig ist zweiu**n**dsiebzig 10. neunundzwanzig und zweiunddreißig ist einund**s**echzig
11. sechsunddreißig und zwölf ist ach**t**undvierzig 12. elf und fünf ist s**e**chzehn
13. sechs und sechzehn ist zwe**i**undzwanzig
14. neunundfünfzig und vierunddreißig ist dreiund**n**eunzig

Lösungswort: Albert Einstein

Q2 1. zwölf Uhr fünfundvierzig 2. drei Euro (und) fünfzig (Cent) 3. vier Kilo(gramm) (und) fünfhundert Gramm 4. zwanzig Uhr fünfzehn 5. null Uhr zwanzig
6. zweihundertneunundvierzig Euro (und) neunzig (Cent) 7. ein Meter (und) zweiundsiebzig (Zentimeter) 8. neunzig Zentimeter 9. siebenhundertdreißig Gramm 10. zehn Uhr siebenundfünfzig 11. eintausendachthundertsechsundsiebzig Euro 12. dreiundachtzig Kilometer 13. ein Uhr zehn 14. neunundsiebzig Euro (und) neunundneunzig (Cent)

Tipp: Wenn bei Zahlen und Maßen ein Komma vorhanden ist, kann dies in förmlicher Sprache auch gelesen werden:
4,5 kg   vier Komma fünf Kilogramm
0,9 m   null Komma neun Meter

Q3 1. vierte 2. erste; zweite; dritte
3. siebzigste 4. sechste 5. hundertste
6. fünfundzwanzigste

Q4 1. der Dreiundzwanzigste; am Fünfundzwanzigsten 2. der zwölfte Dritte; am Elften
3. Vom einunddreißigsten Siebten bis zum vierzehnten Neunten 4. am zweiten Ersten
5. der dreiundzwanzigste Mai neunzehnhundertneunundvierzig 6. am einundzwanzigsten Zehnten; bis zum neunzehnten Zwölften
7. Der vierundzwanzigste Zwölfte; am fünfundzwanzigsten und am sechsundzwanzigsten Zwölften

Reihenweise Hilfe beim Deutschlernen!

Deutsch üben, die Reihe für Anfänger zum Üben, für Fortgeschrittene zur gezielten Wiederholung. Sämtliche Bände verwendbar für Selbstlernende und als Zusatzmaterial zu jedem Lehrbuch.

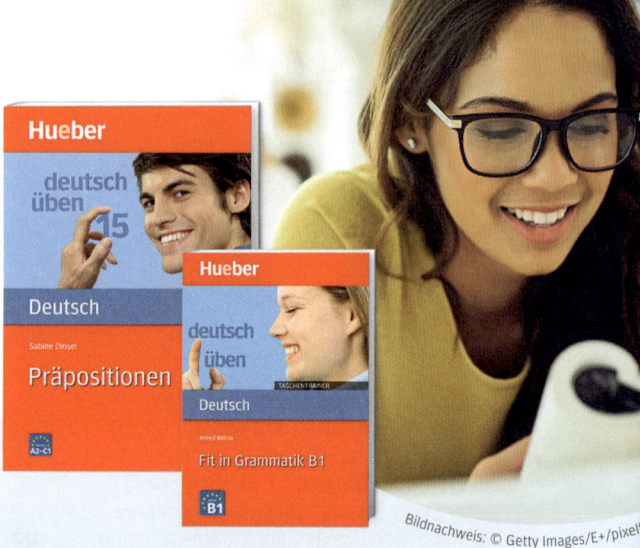

Bildnachweis: © Getty Images/E+/pixelfit

deutsch üben:

Band 1
„mir" oder „mich"?
Übungen zur Formenlehre
ISBN 978-3-19-007449-5

Band 3/4
Weg mit den typischen Fehlern!
Teil 1: ISBN 978-3-19-007451-8
Teil 2: ISBN 978-3-19-007452-5

Band 5/6
Sag's besser!
Arbeitsbücher für Fortgeschrittene
Teil 1: Grammatik
ISBN 978-3-19-007453-2
Teil 2: Ausdruckserweiterung
ISBN 978-3-19-007454-9

Band 8
„der", „die" oder „das"?
Übungen zum Artikel
ISBN 978-3-19-007456-3

Band 11
Wörter und Sätze
Satzgerüste für Fortgeschrittene
ISBN 978-3-19-007459-4

Band 12
Diktate hören -
schreiben - korrigieren
Mit 2 Audio-CDs
ISBN 978-3-19-007460-0

Band 13
Starke Verben
Unregelmäßige Verben des Deutschen zum Üben & Nachschlagen
ISBN 978-3-19-007488-4

Band 14
Schwache Verben
Regelmäßige Verben des Deutschen zum Üben & Nachschlagen
ISBN 978-3-19-007489-1

Band 15
Präpositionen
ISBN 978-3-19-007490-7

Band 16
Verb-Trainer
Das richtige Verb in der richtigen Form
ISBN 978-3-19-107491-3

Band 17
Adjektive
ISBN 978-3-19-107450-0

deutsch üben — Taschentrainer:

Präpositionen
ISBN 978-3-19-007493-8

Wortschatz Grundstufe
A1 bis B1
ISBN 978-3-19-057493-3

Unregelmäßige Verben
A1 bis B1
ISBN 978-3-19-157493-2

Zeichensetzung
PDF-Download
ISBN 978-3-19-117493-4

Artikel
ISBN 978-3-19-207493-6

»Das Gleiche ist nicht dasselbe!«
Stolpersteine der deutschen Sprache
PDF-Download
ISBN 978-3-19-267493-8

Fit in Grammatik A1/A2
ISBN 978-3-19-357493-0

Fit in Grammatik B1
ISBN 978-3-19-607493-2

www.hueber.de/deutsch-lernen

Hueber